Öffentliche Debatten werden heutzutage per Hashtag geführt. Mit seiner Hilfe werden die Beiträge gebündelt und zugeordnet: Alles muss sich auf ein gemeinsames Schlagwort konzentrieren. Dieses Prinzip sorgt für eine stärkere Sichtbarkeit und Orientierung kollektiver Argumente, hat aber auch eine riskante und manchmal fragwürdige Konsequenz. Denn der Hashtag verstärkt formal genau das, was inhaltlich kritisiert wird: Differenzen verschwimmen, und Unterschiedliches wird zu Gleichem. Zuletzt hat die #MeToo-Debatte dieses Problem sichtbar gemacht. In seiner pointierten Darstellung zeichnet Andreas Bernard die steile Karriere des Hashtags nach und zeigt überzeugend, wie unsere aktuellen Debatten durch ein Prinzip strukturiert werden, das so beiläufig wie mächtig geworden ist. Wer unsere öffentliche Diskussionskultur verstehen will, kommt an diesem Buch nicht vorbei.

Andreas Bernard, geboren 1969 in München, ist Professor für Kulturwissenschaften am »Centre for Digital Cultures« der Leuphana-Universität Lüneburg. Von 1995 bis 2014 war er Autor und Redakteur der »Süddeutschen Zeitung«. Derzeit schreibt er für das »ZEIT Magazin« die Rubrik »Laufende Ermittlungen – Notizen aus dem Alltag« sowie für das Feuilleton der »Frankfurter Allgemeinen Sonntagszeitung«. In den Fischer Verlagen ist erschienen: »Die Geschichte des Fahrstuhls: Über einen beweglichen Ort der Moderne« (2006), »Kinder machen: Neue Reproduktionstechnologien und die Ordnung der Familie« (2014) und zuletzt »Komplizen des Erkennungsdienstes: Das Selbst in der digitalen Kultur« (2017).

Weitere Informationen finden Sie auf www.fischerverlage.de

Andreas Bernard

Das Diktat des Hashtags

Über ein Prinzip
der aktuellen Debattenbildung

FISCHER Taschenbuch

Originalausgabe

Erschienen bei FISCHER Taschenbuch
Frankfurt am Main, November 2018

© 2018 S. Fischer Verlag GmbH,
Hedderichstr. 114, D-60596 Frankfurt am Main

Satz: Dörlemann Satz, Lemförde
Druck und Bindung: GGP Media GmbH, Pößneck
Printed in Germany
ISBN 978-3-596-70381-4

Inhalt

1 Chiffre der Gegenwart

Der Siegeszug der Sozialen Netzwerke ist in den letzten zehn Jahren auch ein Siegeszug des Schlagworts gewesen. Seitdem Twitter ab 2007 und Instagram ab 2010 den »Hashtag« eingeführt haben, charakterisiert eine Form der Organisation von Aussagen und Dokumenten die alltägliche Mediennutzung, die noch vor kurzer Zeit auf hochspezialisierte Berufsfelder und Personenkreise beschränkt war. Wo hat der Gebrauch von »Schlagwörtern« vor einem Vierteljahrhundert eine Rolle gespielt? In den Sinn kommen die Bibliotheks- und Archivwissenschaften, die sich seit dem frühen 20. Jahrhundert darum bemüht haben, durch immer strenger standardisierte »Schlagwortkataloge« die Auffindbarkeit von Dokumenten zu erleichtern. Ein anderer Einsatzort ist die »historische Schlagwortforschung«, eine sprachwissenschaftliche Teildisziplin, der es um die Analyse der prägenden Ausdrücke einer Epoche oder einer politischen Bewegung geht. Beide Schauplätze sind jedoch akademische Randgebiete, und es lässt sich ohne Zweifel sagen, dass der Kategorie des »Schlagworts« in der öffentlichen Wahrnehmung bis an die Wende zum 21. Jahrhundert eine eher unscheinbare Position zukam. Die Etablierung des Hashtags hat dieses Nischenelement in rasantem Tempo ins Zentrum gegenwärtiger Medienrealität gerückt. Jede Twitter-Timeline, jeder Instagram-Beitrag legt heute Zeugnis von der kollektiven Verschlagwortung der Welt ab, die in den Sozialen Netzwerken von allen Nutzern betrieben werden kann, als ein schöpferischer Akt, ohne die Einschränkung vorinstallierter Standards oder hierarchisch gestaffelter Zugangsweisen.

In den frühen Jahren des »World Wide Web« vollzog sich die Verknüpfung von Dokumenten allein über das System der »Hyperlinks«. Vorab markierte Wörter oder Passagen eines Textes führen durch Anklicken bekanntlich auf eine andere Website oder an eine andere Stelle der gerade aufgerufenen Seite. Der Übergang vom »Link« zum »Hashtag« als bestimmendem Vernetzungsprinzip stellt in vielerlei Hinsicht eine Zäsur für die digitale Organisation von Aussagen dar. Er steht zum einen für die Möglichkeit jedes Internet-Nutzers, eigenmächtig und ohne Programmierwissen Verknüpfungen zu schaffen, und repräsentiert daher den vielbeschworenen Eintritt in die »soziale«, partizipative Ära des Netzes. Zum anderen wird der Vorgang der Verknüpfung durch den Hashtag erstmals mit einem eigenen typographischen Element versehen. Das vorangestellte Zeichen # – im britischen Englisch »hash« genannt, im amerikanischen Englisch »number sign« oder »pound sign«, im Deutschen »Rautezeichen« oder »Doppelkreuz« – verwandelt Wörter in vernetzte Schlagwörter. Die Raute und die unmittelbar anschließende Buchstabenfolge haben also zwei Funktionen: Sie sind sowohl Bestandteil des sichtbaren Tweets oder Instagram-Beitrags als auch Auslöser der unsichtbaren Prozedur der Vernetzung.

Linguistisch gesprochen steht der Hashtag damit auf der Schwelle zwischen Text und Metatext und stülpt zuvor verborgene Schritte der Katalogisierung und Verschlagwortung nach außen. Als ein solches Bindeglied von Alltagskommunikation und Computercode ist er zur populärsten Chiffre der Gegenwart geworden, deren Wirkungskraft sich am deutlichsten daran ablesen lässt, dass die Raute inzwischen auch abseits der Bildschirme und Displays ständig auftaucht. Das Zeichen # ist auf Titeln neu erscheinender Romane zu sehen und auf bedruckten T-Shirts, auf Transparenten politischer Demonstrationen, graffitiverzierten Wänden und Werbeplakaten am Straßenrand. In einer Welt aus Stein, Papier und Wolle kann der Hashtag nicht angeklickt werden, kann nichts vernetzen, aber er formuliert inzwischen auch auf diesen Materialien ein Versprechen – das Versprechen, wahrgenommen zu werden, Gehör zu finden, Interessen zu bündeln. Das

ist also längst kein rein funktionales Sonderzeichen mehr, sondern ein verheißungsvolles gesellschaftliches Symbol. Es steht für die Erzeugung und Anhäufung öffentlicher Aufmerksamkeit.

So tief ist der Hashtag in der heutigen Medienrealität implementiert, dass man leicht übersieht, welche elementaren Auswirkungen er innerhalb weniger Jahre auf die Ordnung von Aussagen, auf die Gestaltungsprinzipien von Debatten gehabt hat. Diese Lücke versucht der folgende Essay zu schließen, der sich für die Herkunft und die vielfältigen sozialen Effekte des Hashtags (und des Zeichens # im Allgemeinen) interessiert. Theodor W. Adorno begann seinen berühmten Aufsatz zur Typographie 1956 mit den Worten: »Je weniger die Satzzeichen, isoliert genommen, Bedeutung oder Ausdruck tragen, [...] desto entschiedener gewinnt ein jegliches unter ihnen seinen physiognomischen Stellenwert.«[1] Ein gutes halbes Jahrhundert später soll das Augenmerk dem »physiognomischen Stellenwert« des Hashtags in der digitalen Kultur gelten, der Überlegung, inwiefern dieses Zeichen etwa den Gebrauch von Sprache oder die Entstehung von Kollektiven beeinflusst.

Gegenstand dieses Essays ist die erstaunliche Karriere des Zeichens # in der Mediengeschichte; er untersucht zudem die Frage, wo das »Schlagwort« vor dem Hashtag war, beschäftigt sich mit den prominentesten Einsatzgebieten des Zeichens im vergangenen Jahrzehnt (dem politischen Aktivismus und dem Marketing) und schließlich mit der Prägung gesellschaftspolitischer Bewegungen durch den Hashtag. Denn dieser letzte Aspekt war es, der zu Beginn des Jahres 2018 den Impuls zu den folgenden Überlegungen gab. Unter dem Namen »#MeToo« ist eine weltweit geführte, epochemachende Debatte über sexuelle Gewalt entstanden, die auch in Deutschland über viele Monate hinweg täglich Hunderte von Tweets und Dutzende von Artikeln in Zeitungen, Online-Portalen und Blogs hervorgebracht hat. Die inhaltlichen Positionen und Legitimationen dieser Debatte sind in allen Facetten diskutiert worden; der Ausdruck »#MeToo« ist inzwischen eine geläufige Wendung und wird etwa im Inhaltsverzeichnis von Nachrichtenmagazinen als selbsterklärender Rubrikenname verwendet.[2] Was bislang jedoch so gut wie nie zur Sprache kam, ist die Frage, inwiefern die medialen und sprachlichen Umstände dieser Debatte die inhaltlichen Verläufe mitgeprägt haben, inwiefern zum Beispiel die wiederkehrenden Missverständnisse und Konflikte zwischen den Beiträgerinnen und Beiträgern angesichts der Eingrenzung dessen, was »Belästigung« oder »Missbrauch« heißt, auf die spezifische Organisation der Aussagen durch den Hashtag zurückweisen. Denn wenn die unterschiedlichen und vielfältigen Stimmen, die ihre Erfahrungen mit sexueller Gewalt teilen, dies allesamt unter dem gleichen, identitätsstiftenden Schlagwort tun – »#MeToo« –, verstärken die Rahmenbedingungen womöglich genau jene Homogenisierungs- und Nivellierungstendenzen, die in der Debatte dann inhaltlich kritisiert werden.

Das »Diktat des Hashtags«, das für die Bildung von Öffentlichkeit seit einigen Jahren zu gelten scheint, bündelt Statements und formt Kollektive. Gleichzeitig schleift es Differenzen ab und arbeitet am Verschwinden des Nicht-Rubrizierbaren. Dieser Essay versucht der Macht eines Zeichens, das vor kurzem noch eine mysteriöse Taste auf Schreibmaschinen und Telefongeräten war, auf die Spur zu kommen.

2 Der Hashtag und die Streuung von Aussagen

Die Geschichte des Hashtags beginnt nach allgemeiner Auffassung mit einem Twitter-Beitrag vom 23. August 2007. An diesem Tag stellt der kalifornische Netzaktivist und Produktdesigner Chris Messina seinen Followern die Frage, was sie davon halten würden, künftig das Doppelkreuz zu benutzen, um Themengruppen auf Twitter zu markieren: »how do you feel about using # (pound) for groups. As in #barcamp«[1] Das Beispiel, das er anfügt – der, wenn man so will, erste jemals gebrauchte Twitter-Hashtag – weist auf das Milieu, in dem diese Idee entstanden ist; das offene Konferenzformat der »Barcamps«, 2005 von Messina mitbegründet, zeichnet sich gerade durch nichthierarchische Abläufe und Echtzeit-Berichterstattung in Sozialen Netzwerken aus. Die Anregung einer neuen Organisationsform von Beiträgen auf Twitter soll also genau die Kommunikationspraxis der »Barcamps« unterstützen.

In seinem Blog »Factory Joe« präzisiert Chris

13

Messina zwei Tage später, was die Beweggründe für diesen Vorschlag waren. Er betont den »Vorzug«, den es mit sich bringen würde, »auf Twitter die Kontextualisierung der Beiträge, das Filtern von Inhalten und auch die Möglichkeit von Zufallsentdeckungen zu verbessern«; das neue Zeichen soll also, wie es zwei frühe Theoretiker des Hashtags nennen, die Funktion eines »Koordinationsmechanismus«[2] übernehmen. Heute firmiert Chris Messina sowohl in zahllosen Abrissen zur Geschichte digitaler Kultur als auch in den Selbstauskünften seiner Social-Media-Profile und Websites als »Erfinder des Hashtags«, obwohl diese klare Zuweisung weder im Hinblick auf die Sache noch auf das Wort vollständig zutrifft. Messina bezeichnet das Doppelkreuz mit dem angehängten Schlagwort 2007 zunächst als »channel«, »Kanal«; sein Blogeintrag vom 25. August trägt den Untertitel »A Proposal for Twitter Tag Channels«. Die Bezeichnung »Hash Tag« für das neue Organisationselement (anfangs noch in zwei separaten Worten) schlägt kurze Zeit später der Informatiker Stowe Boyd vor, dem das Zeichen #, in seinem Arbeitsumfeld zumeist »hash« genannt, aus der Computersprache C vertraut ist: »Der Name«, so Boyd rückblickend, »kam also letztendlich aus dem Umfeld der Programmierer«.[3]

So wie seine Bezeichnung prägt sich auch die Funktion des Hashtags in der vielstimmigen Arbeit eines »Denkkollektivs« heraus, um mit dem Wissenschaftstheoretiker Ludwik Fleck zu sprechen. Ein Jahr nach der Markteinführung von Twitter beschäftigen sich im Sommer 2007 verschiedene Netzaktivisten und auch das Unternehmen selbst mit der Frage, wie sich die immer größer werdende, unstrukturierte Masse von Beiträgen besser kanalisieren ließe. Am 21. August 2007, zwei Tage vor dem historisch gewordenen Vorschlag Chris Messinas, setzt etwa ein Mitarbeiter von Mozilla-Firefox aus Michigan, ein Mann namens Les Orchard, den lakonischen Tweet »Twitter needs Tags« ab. Er erhält dafür bis heute ein einziges Like. Auch Orchard stellt seine Idee in einem Blogeintrag einen Tag später, am 22. August, ausführlich vor, ganz ohne den Effekt, den die zeitgleichen Überlegungen des im Epizentrum der digitalen Kultur verorteten Messina hervorrufen.[4]

Doch es sind nicht nur solche Parallelideen, die das Auftauchen des Hashtags zu einem komplexeren Prozess als dem Gedankenblitz eines »Erfinders« machen – das Zeichen # hat für die Kommunikationsorganisation im Netz zu diesem Zeitpunkt überdies schon eine lange Geschichte. Chris Messina weist in seinem Blogeintrag auf die sogenannten »Internet Relay Chats« hin, eine frühe, textbasierte Online-Chat-Plattform, deren Gesprächskanäle (»channels«) mit Doppelkreuz und Schlagwort versehen werden. Messina regt an, dieses seit vielen Jahren bestehende Klassifikationssystem auf das neue Format des »Mikrobloggings« zu übertragen, und er erwähnt auch einen kurzzeitigen Twitter-Konkurrenten namens Jaiku, der das #-Zeichen im Jahr 2007 bereits zur Bildung von Themengruppen eingesetzt habe. Die epochale Neuerung entsteht also aus einem Gemenge von Anregungen und Bezugnahmen, und es ist sowohl dem Marketingtalent eines Produktdesigners als auch dem Bedürfnis der Technik- und Mediengeschichte nach klaren Ursprungserzählungen zu verdanken, dass der »inventor of the hashtag«, wenn man diese Wortfolge in die Suchmaschinen eingibt, heute auf Zehntausenden von Websites ein und denselben Namen trägt.

Wie originär Chris Messinas Vorschlag gewesen sein mag: Im August 2007 erhält er jedenfalls kaum Resonanz; der Gebrauch der Raute auf Twitter bleibt zunächst die Marotte einer Gruppe befreundeter Nutzer. Größere Aufmerksamkeit ruft das neue typographische Element erstmals im Oktober 2007 hervor, als in Südkalifornien und vor allem in der Umgebung von San Diego verheerende Waldbrände ausbrechen. Fotos der Brände werden auf der Plattform Flickr unter dem Begriff »sandiegofire« rubriziert, und Messina regt in seinem Blog an, dieses Schlagwort ebenso in den Tweets als »Hashtag« zu verwenden, wie es nun auch bei ihm heißt. Mehr und mehr Nutzer übernehmen diesen Vorschlag. Der Hashtag »#sandiegofire« breitet sich auf Twitter Ende Oktober aus wie die Lauffeuer, die er bezeichnet, was auch mit einer Funktion namens »Track« zusammenhängt, die das Unternehmen vier Wochen zuvor eingeführt hat. Dieser Zusatzdienst ermöglicht es Nutzern, durch eine SMS an Twitter, die ein bestimmtes Schlagwort enthält, sämtliche Beiträge mit diesem Wort auf das eigene Konto geschickt zu bekommen – das Unternehmen beginnt also in dieser Zeit auch selbst, die themen- und nicht verfassergeleitete Vernetzung der Tweets zu fördern.[5]

Ende 2007 werden Hashtags zum regelmäßigen Bestandteil von Twitter-Beiträgen, und der Mikroblogging-Dienst legt seine anfängliche Indifferenz gegenüber dem neuen Element ab. »Irgendwann wurden sie von so vielen Nutzern verwendet«, so Biz Stone, einer der Gründer von Twitter, »dass wir die Hashtags bereitwillig akzeptierten«.[6] Ab April 2009 erscheint auf jeder Profil-Seite die »trending topics«-Liste mit den meisterwähnten Begriffen bei Twitter, die bald gleichbedeutend mit einer Liste der meistbenutzten Hashtags ist; einige Wochen später führt das Unternehmen schließlich eine Funktion ein, die Hashtags automatisch verlinkt, und die es den Nutzern erlaubt, durch das Anklicken eines Hashtags alle Beiträge zu diesem Schlagwort gebündelt vor sich zu haben.

Mit dieser Neuerung, ab dem 2. Juli 2009 verfügbar, ist der Gebrauch von Twitter endgültig vom Rautezeichen geprägt; sie fällt in eine Zeit, in der die politischen Proteste im Iran den ersten außerhalb der USA

17

entstandenen Hashtag, »#iranelection«, in die »trending topics« katapultieren, und der Tod von Michael Jackson am 25. Juni neue Rekordzahlen von Beiträgen zu einem spezifischen Thema hervorruft. Die Verschlagwortung der Welt durch den Hashtag beginnt sich zu etablieren – ein Prozess, der sich im Oktober 2010, mit der Markteinführung von Instagram, auch auf die Veröffentlichung und Klassifikation von Bildern und Videos ausweitet. 2013 wählt die American Dialect Society das Wort »Hashtag« zum »Word of the Year«, 2014 wird es ins Oxford Dictionary aufgenommen. Das mit dem Doppelkreuz versehene Schlagwort, so Chris Messina in einem Interview zum zehnten Jubiläum seines geschichtsträchtigen Tweets im August 2017, sei in der digitalen Kultur zur »lingua franca geworden, um Inhalte zu etikettieren«.[7]

Ausgangspunkt dieses Essays ist die Frage, welche Veränderungen die Ausbreitung einer solchen »lingua franca« mit sich bringt. Innerhalb eines Jahrzehnts hat sie die Ordnung von Aussagen und Dokumenten, ihre sprachliche, medientechnische und soziale Organisation grundlegend umgewandelt. Um diesen Prozess genauer zu beschreiben, ist es hilfreich, auf Michel Foucaults wissensgeschichtliche Analysen zurückzukommen, auf seine Überlegungen zu den »Verteilungsgesetzen« dessen, was in einem bestimmten Zeitraum, in einem bestimmten thematischen Feld sagbar und unsagbar ist. Foucaults Verfahren trennt die in der Geschichtsschreibung herkömmlichen Knotenpunkte der Untersuchung, wie »Autor«, »Werk«, »Einfluss« oder »Ursprung«, auf und versucht, eine kleinere, voraussetzungslosere Grundeinheit der historischen Analyse zu finden, die er in seinem Methodenbuch *Archäologie des Wissens* von 1969 »Aussage« nennt. Bei der Untersuchung der Einheit »Aussage«, schreibt Foucault, handele es sich darum, »die Bedingungen ihrer Existenz zu bestimmen, auf das Genaueste ihre Grenzen zu fixieren, ihre Korrelationen mit den anderen Aussagen aufzustellen, die mit ihnen verbunden sein können, zu zeigen, welche anderen Aussagen sie ausschließt«.[8] Es geht also um die strikte Relationalität des Verfahrens; an die Stelle einer vertikalen, hermeneutischen Ambition, die verbindliche Bedeutung einzelner Aussagen aufzuspüren, tritt eine horizontal ausgerichtete Untersuchung. »Ich habe es unternommen, Beziehungen zwischen Aussagen zu beschreiben«, fasst Foucault sein Vorgehen in *Archäologie des Wissens* zusammen, denn »es gibt keine Aussage im allgemeinen, keine freie, neutrale und unabhängige Aussage, sondern stets eine Aussage, die zu einer Folge oder einer Menge gehört, eine Rolle inmitten der anderen spielt«.[9]

Es ist ersichtlich, dass die Erfolgsgeschichte des Hashtags, die mit ihm eingezogene Alltagspraxis der Verschlagwortung, die »Beziehung zwischen Aussagen« in unserer heutigen Medienrealität stark geprägt hat. Was bedeutet das #-Zeichen für die Bündelung und Subsumption von Wissen? Was begünstigt der Hashtag als Organisator von Empfindungen, Meinungen und Expressionen (ihre Auffindbarkeit, ihre Klassifizierbarkeit, ihre Verdichtung), was schränkt er ein (ihre Einzigartigkeit, ihre Idiosynkrasie, ihre Nicht-Rubrizierbarkeit)? Wenn Foucault schreibt, dass eine Aussage »immer zu einer Folge oder einer Menge gehört« und es darum gehe, die »Korrelationen mit anderen Aussagen« präzise herauszuarbeiten, könnte man sogar sagen, dass diese intellektuelle Anstrengung des Historikers heute von den Automatismen der Datenorganisation über Soziale Medien und vom Hashtag im Besonderen übernommen worden ist. Vor fünfzig Jahren war eine arbeitsreiche Umwälzung der Archive und ihrer angestammten Kategorien wie »Autor« und »Werk« notwendig, um eine neue Analysekategorie wie die »Aussage« zu erhalten; bei Twitter und Instagram genügt ein Klick, um eine Ordnung der Beiträge über ein Schlagwort, nicht über den Verfasser oder das »Werk« seines Profils zu erlangen.

Der Hashtag macht also die Relationen zwischen Aussagen, die »Systeme der Streuung«,[10] wie Michel Foucault es nannte, stärker sichtbar, stellt den Modus ihrer Verknüpfung explizit aus. Und das von der Raute markierte Schlagwort bekräftigt zudem jene zentrale Definition, die Foucault für seine Mikroeinheit der »Aussage« aufstellt: Nicht der Bedeutungsgehalt dieser

Einheit sei für die historische Analyse von primärem Interesse, sagt er in der *Archäologie des Wissens* immer wieder, sondern ihre »Funktion«; eine Diskursanalyse, wie er sie vorschlage, sei keine »semantische Untersuchung«.[11] Die Einbindung des Hashtags in Twitter- oder Instagram-Beiträge lässt sich genau in diesem Sinne beschreiben: Denn er entfaltet seine Macht bei der Verteilung von Aussagen und Dokumenten in einem strikt funktionalen und nicht von der Bedeutung der Tweets oder Fotos abhängigen Sinne. Wie relevant, kompetent, ergreifend oder sachlich richtig ein Beitrag auch sein mag, spielt für die Vernetzbarkeit mittels Hashtag keine Rolle. Das Software-Tool entscheidet nicht nach hermeneutischer Einzelprüfung, sondern nach Programm; vormals flüchtige Kategorien wie »Aufmerksamkeit« oder »Resonanz« werden dadurch quantifizierbar, in der zählbaren Akkumulation der Beiträge, im »trending« bestimmter Schlagworte. Eine Untersuchung über die maschinellen Voreinstellungen gegenwärtiger Wissens- und Debattenbildung kann genau aus diesen Gründen hilfreich sein: Denn sie macht ein Verteilungsgesetz der Aussagen sichtbar, das sich seit einigen Jahren auf ein einziges typographisches Element hin verdichtet. Der Hashtag ist heute, in jedem Sinne, das Vorzeichen des Diskurses.

3 # – Biographie eines Zeichens

In den wenigen linguistischen Auseinandersetzungen, die es bislang mit dem Hashtag gibt, wird
vor allem die kategoriale Neuheit dieses Sprachele-
ments betont. Das Rautezeichen in seinem aktuellen Gebrauch, so Paola-Maria Caleffi, könne »keiner
Definition einer Wortart im traditionellen Sinne zugeordnet werden«; der Hashtag – zwischen Text und
Metadaten, zwischen Bedeutungsträger und Vernet-
zungsfunktion – sei »gleichzeitig ein Wort und kein
Wort«.[1] Näheren Aufschluss über die besondere Gestalt dieses Zeichens kann vielleicht seine Geschichte
geben. Wo ist »#« zum ersten Mal aufgetaucht? In welchen Zusammenhängen hat es seine Bedeutung entfaltet, auf welchen Apparaturen wurde sein Status als
festes Element der Typographie gefestigt?

Im amerikanischen Englisch trägt die Raute wie erwähnt die Namen »number sign« oder, wie auch
Messina in seinem Tweet schrieb, »pound sign«. Diese

Bezeichnungen geben bereits einen Hinweis auf frühe Verwendungsarten des Zeichens. In gedruckten Büchern lassen sich ab Mitte des 19. Jahrhunderts beide Gebrauchsformen nachweisen, die vorangestellte Raute als Erkennungszeichen für »Nummer« (»#10«), die nachgestellte als Erkennungszeichen für die Gewichtseinheit »Pfund« (»10#«).[2] Vor allem letztere hält Keith Houston in seiner Studie über abseitige Elemente der Typographie für die »glaubwürdigste Herkunftsgeschichte«[3] der Raute. Es ist die Geschichte einer langsamen Transformation, einer über Jahrhunderte währenden Verfestigung nachlässiger Schreibgewohnheiten. Die Gewichtseinheit mit dem lateinischen Namen »libra« oder »libra pondo«, ab dem späten Mittelalter im Englischen geläufig, wurde in Kassenbüchern und Kochrezepten, auf Lieferscheinen und Verträgen lange Zeit mit dem Zeichen ℔ bezeichnet (der Querstrich über den beiden Kleinbuchstaben signalisierte eine im Schriftverkehr etablierte Abkürzung). Handschriftliche Dokumente, die dieses Zeichen enthalten, sind bis ins 17. Jahrhundert hinein nachweisbar, unter anderem ein Manuskript von Isaac Newton.[4] Der Übergang vom ℔ zum # ist Typographie-Historikern wie Houston und Thomas Fine zufolge ein Prozess des kontinuierlichen Schliffs; in Handschriften des 19. Jahrhunderts kann Fine etwa zeigen, dass das Pfund-Zeichen in Notizen von Buchhaltern, Köchen oder Apothekern bereits regelmäßig als bloßes Doppelkreuz auftaucht. Aus zwei in Schreib-schrift verbundenen, durchstrichenen Kleinbuchstaben ist mit der Zeit ein einzelnes Sonderzeichen geworden, dessen Gebrauch sich in gedruckten Büchern in der zweiten Hälfte des 19. Jahrhunderts durchsetzt.

Ohne Zweifel lassen sich weitere Gebrauchsformen des Doppelkreuzes finden, zum Beispiel als Korrektur-zeichen im Lektorat für unerwünscht mitdruckende Stellen oder als Kürzel für »Fraktur« in medizini-schen Gutachten und für »Matt« in der Notation von Schachpartien (wo die Raute also ein Symbol der Un-terbrechung ist und nicht, wie beim Hashtag, ein Sym-bol der Verknüpfung). Diese Nutzungsgebiete sind aber auf spezifische Professionen oder Fachsprachen begrenzt. Als Vorzeichen der Notenschrift wiederum hat das Doppelkreuz eine leicht abweichende Gestalt und gilt als eigenständiges typographisches Element, »♯« anstatt »#«; in internationalen Standardlisten wie dem Unicode-Verzeichnis wird das »sharp sign«, wie es im Englischen heißt, als separates Zeichen des Schrift-satzes geführt. »Pfund« und »Nummer« prägen sich also in den USA als hauptsächliche Bezugsgrößen der Raute heraus, und mit diesen Referenzen wird das Zei-chen im letzten Viertel des 19. Jahrhunderts auch zum festen Bestandteil von Schreibmaschinen-Tastaturen. Das Modell »Remington 2«, ab 1879 produziert, ver-fügt zum ersten Mal über jene Anordnung der Buch-

staben, Ziffern und Zeichen, die auf einem internationalen Stenographenkongress in Toronto im Jahr 1888
zur »Universaltastatur« erklärt wird und mit geringen
Abweichungen immer noch gilt. Das Zeichen # ist am
oberen Rand der Taste mit der Ziffer 3 angebracht, auf
amerikanischen Keyboards bis heute sein angestamm-
ter Ort. (Auf der ersten deutschen Normtastatur, 1928
festgelegt, taucht das Zeichen # nicht auf; erst seit der
revidierten Fassung von 1976 nimmt es seinen bekannten Platz oberhalb der rechten Umschalttaste ein.)[5]

Für die weitere Karriere des Doppelkreuzes ist die
Eingliederung in die Universaltastatur ein wichtiger
Moment, weil das Element # dadurch, zumindest in
den USA, Teil des engsten typographischen Bestands
wird; auf dem Keyboard der Remington 2 gibt es,
wenn man die Buchstaben und Ziffern abzieht, insge-
samt nur ein Dutzend Satz- und Sonderzeichen. Der
kanonische Status setzt sich dann bei der Entwicklung
neuer Geräte und Verfahren der Datenverarbeitung im
frühen 20. Jahrhundert fort, etwa bei der Vereinheitlichung des Lochkarten-Formats, das die Firma IBM
im Jahr 1928 patentieren lässt und dessen Standardsatz
von 80 Buchstaben, Ziffern und Sonderzeichen auch
das »#« enthält. Mediengeschichtliche Referenzen wie
diese sind deshalb so bedeutsam, weil das Argument
des Kanonischen dann bei der Herausbildung jenes
Kommunikationsapparats eine entscheidende Rolle
spielt, der die Raute auch in Europa und Deutsch-

land zu einem bekannten Zeichen machen wird: das »Touch Tone«-Telefon.

Im Jahr 1963 stellt die Telefongesellschaft AT&T in den USA den ersten Apparat vor, der mit einem zehnteiligen Tastenblock anstelle der herkömmlichen Wählscheibe funktioniert, angeordnet in drei mal drei Reihen und der 0 in einer vierten Reihe unterhalb der 8. Der Wechsel von der Anfang des 20. Jahrhunderts eingeführten Scheibe zu dem neuen Wählsystem soll den Kunden größeren Komfort bieten, hat aber in erster Linie einen kommunikationstechnischen Grund, denn im Tonwahlverfahren werden die Signale direkt an den adressierten Apparat gesendet und nicht mehr, wie im bisher eingesetzten Impulswahlverfahren mit der Wählscheibe, nur an die nächste Vermittlungsstelle. Mit dieser signaltechnischen Umwandlung ergibt sich also eine engere Vernetzung des einzelnen Telefonapparates; er kann nun mit externen Geräten wie Anrufbeantwortern oder mit den entstehenden Computersystemen in Behörden, Banken und Unternehmen in Verbindung treten. Prinzipiell wäre es über das Tonwahlverfahren etwa möglich, Nachrichten abzuhören, computergesteuerte Weckrufe durch die Eingabe der eigenen Telefonnummer zu empfangen oder Banküberweisungen mittels Eingabe einer Kreditkartennummer in Auftrag zu geben.

Im Design des ersten »Touch Tone«-Telefons von 1963 sind diese Zusatzanwendungen noch nicht für den Alltagsgebrauch realisiert, weil etwa ein Bestätigungsbefehl für die Eingabe von Nummernfolgen fehlt. Seit den frühen sechziger Jahren arbeiten die Forschungslabore von AT&T aber an der weiteren Anpassung der Telefongestaltung an die neue Signaltechnik, stellen ihre Prototypen Kliniken und Ämtern zur Verfügung, und 1968 präsentiert die Telefongesellschaft ein Nachfolgemodell, das »Western Electric 2500«, das zwei weitere Tasten in der vierten Reihe aufweist, die eine unterhalb der 7, die andere unterhalb der 9. Die Zeichen * und #, Asterix und Raute, werden zu festen Bestandteilen des Tastentelefons, das seit den 1970er Jahren in den USA und seit Mitte der achtziger Jahre auch in Deutschland Standard in jedem Privathaushalt ist.

Douglas Kerr, ein Kommunikationsingenieur bei AT&T, der in den sechziger Jahren maßgeblich an der Entwicklung des »Touch Tone«-Telefons beteiligt war, hat die Diskussionen um die Auswahl und Benennung der Zeichen in zwei Erinnerungstexten von 2006 und 2014 festgehalten. »Es bestand bei uns schon lange das Interesse«, schreibt er, »den zehn Ziffern weitere Tasten hinzuzufügen, die den Kunden die Steuerung neu entstehender, attraktiver Funktionen auf ihrem Telefon erlauben würden«. Die »aufkommende Beziehung zwischen Telefonanlagen und Computern« hätte diese Entwicklung weiter beschleunigt.[6] Die Funktion der Raute als eine von zwei nichtnumerischen Tasten auf dem Block war in erster Linie dafür vorgesehen, die Übermittlung eingegebener Telefon-, Konten- oder Kreditkartennummern zu bestätigen; das Zeichen sollte also das Ende des bedeutungstragenden Datensatzes markieren und den Sendebefehl geben.[7] Aufschlussreich sind Kerrs Erinnerungen vor allem im Hinblick auf die Entscheidung für das Zeichen »#«. In den ersten Versionen des zwölfteiligen Wählblocks trug die Eingabetaste rechts unten noch ein Zeichen in Form eines Diamanten. Kurz vor der Markteinführung des »Western Electric 2500« 1968 wurde das Symbol aber ausgetauscht, und zwar aus Gründen, die mit einer achtzig Jahre zurückliegenden Entscheidung zu tun hatten: Weil das Diamant-Zeichen, so Kerr, »nicht auf der regulären Tastatur von Schreibmaschinen enthalten war, wäre es verwaltungstechnisch sehr umständlich gewesen, Gebrauchsanweisungen oder Informationsblätter für Touch-Tone-Telefone herzustellen«.[8] Die Raute (wie auch der Asterix links unten auf dem Tastenblock) erfüllten dieses Kriterium und ermöglichten eine einfache Synchronisation von Schreibmaschinen- und Telefonsymbol, wobei sich im Labor von Douglas Kerr noch das Problem der Benennung stellte. Die Ingenieure wollten mit dem Aufkommen des Tastentelefons auch einen neuen Namen für das »number-« oder »pound sign« erfinden und schufen die Bezeichnung »octotherp«, die auf die acht äußeren Enden des Zeichens # verweist und um deren Genese sich etliche Unstimmigkeiten ranken.[9] Im deutschen Sprachgebrauch hat sich dieses Wort nie etabliert, und auch im englischen ist es spätestens im Zeitalter der Sozialen Medien in Vergessenheit geraten.

Mit dem Aufkommen des Tastentelefons beginnt das Doppelkreuz eine allgemein sichtbare Rolle in der Technologiegeschichte zu spielen. Es formuliert, wie der Medienhistoriker Jeff Scheible schreibt, »ein Versprechen der Innovation«,[10] indem der Druck auf das Symbol rechts unten jedes private Telefongerät an ein komplexes Netz von Apparaturen und Computersystemen anzuschließen vermag. »Nach erfolgter Eingabe drücken Sie bitte die Rautetaste!« – eine freundliche Aufforderung in der Warteschleife eines Telefonsystems, die Besitzer von Anrufbeantwortern oder Kunden von Banken und Mietwagen-Unternehmen noch vor zehn Jahren vorrangig an die Existenz des Zeichens erinnerten. Kulturkritische Glossen in Zeitungen und Magazinen haben sich an dieser Automatisierung von Kommunikation, dieser fortschreitenden Substitution des Telefongesprächs durch Computerstimmen und Tastendrücke regelmäßig abgearbeitet. Sie beklagen einen Prozess der Entfremdung, den vor allem Christian Kämmerling im Jahr 2003 wortreich und in gewissem Sinne auch prophetisch geschildert hat. Das Ende seines Artikels über das Zeichen # als »Navigator durch die Moderne«, vier Jahre vor Chris Messinas Tweet publiziert, liest sich heute wie eine nur wenig zugespitzte Beschreibung aktueller Twitter- und Instagram-Nutzung, wenn man das Wort »Rautetaste« durch den damals noch unbekannten Begriff »Hashtag« ersetzt: »Alles wird an der Rautetaste hängen«, schreibt Kämmerling. »Wir werden auf die Welt kommen und unsere Geburt per Rautetaste bestätigen. Wir werden heiraten, und statt einander das Jawort zu geben, drückt man einfach die Rautetaste. Wir werden unser Leben, eine einzige Befehlskette zwischen Stern- und Rautetaste, mit einem letzten Druck auf die Rautetaste abschließen«.[11]

Auf dem Tastentelefon ist »#« ein Zeichen reiner Funktionalität; wie in der zur gleichen Zeit und sogar in denselben Laboren entwickelten frühen Computersprache »C«[12] steht es am Rand der bedeutungstragenden Elemente, soll allein den Befehl einer Eingabe repräsentieren (auf dem Telefon am Ende der Nummernfolge, in der Computersprache am Anfang der Anweisung). Die Raute verfügt in kommunikationstechnologischen Prozessen bis ins ausgehende 20. Jahrhundert, mit den Begriffen der Semiotik gesprochen, also über keinerlei semantischen, sondern nur über syntaktischen Gehalt. In der Frühzeit des Internets, mit den »Internet Relay Chats«, beginnt sich der Einsatz des Zeichens zu verändern; in den Online-Gesprächsforen dient die Raute wie erwähnt zur Markierung von Themen. Vor 2007 entfaltet das »#« allerdings auch in dieser neuen Rolle als Schlagwortindikator keine be-deutungstragenden Konnotationen; es bleibt ein pas-sives Element, das neben der Funktion als Eingabe-zeichen allenfalls taxonomische Aufgaben übernimmt. Erst in den vergangenen zehn Jahren, in Gestalt des omnipräsenten Hashtags, greift es mehr und mehr in semantische Prozesse ein und entwickelt sich zu einem Hybrid aus Vernetzungsbefehl und Symbol der kollek-tiv verstärkten Rede.

4 Wo war das Schlagwort vor dem Hashtag?

Wenn der große Eingriff des Hashtags in die jüngsten »Verteilungsgesetze« der Aussagen und Dokumente darin liegt, dass er die Bedeutung des Schlagworts für die Organisation von Wissensbeständen ins Zentrum rückt, dann stellt sich zunächst die Frage, welche Prozesse der Verschlagwortung vor den Umwälzungen der digitalen Kultur eine Rolle gespielt haben. Wo war das Schlagwort vor dem Hashtag? Welche Funktionen hatte es für die Bildung von Öffentlichkeit, für die Ordnung von Archiven? Wer legte es an, und welche Operationen sorgten für seine Verbreitung?

Wie eingangs erwähnt, kommen in diesem Zusammenhang in erster Linie die Bibliothekswissenschaften in den Blick. Der »Schlagwortkatalog« als Dokumentationsform von Büchersammlungen beginnt sich in Deutschland, nach singulären Versuchen in Hof- und Universitätsbibliotheken seit dem 19. Jahrhundert, im ersten Drittel des 20. Jahrhunderts zu etablieren. Als ein Ordnungsprinzip jenseits von Verfasser und Titel tritt es in zunehmende Konkurrenz zu den älteren, seit dem 18. Jahrhundert genutzten »Systematischen Katalogen«, die jedem Buch eine Stelle in »einem bis in feinste Untergruppen durchgebildeten, vor Beginn der Katalogisierungsarbeiten festgelegten System«[1] der Wissenschaftsbereiche zuweisen. Das »Schlagwort«, das sich in keinen verästelten, vorab erstellten Stammbaum der Disziplinen eingliedern muss und allein dem formalen Ordnungsprinzip des Alphabets gehorcht, erscheint den Bibliothekswissenschaftlern in ihren Grundsatzdebatten der zwanziger und dreißiger Jahre als offenere, praktikablere Form der immer komplexer werdenden Sachkatalogisierung. In den Jahrzehnten darauf geben die Staats- und die großen Universitätsbibliotheken in Deutschland ihre systematischen Kataloge auf und ersetzen sie durch das neue Format. »Der Schlagwortkatalog«, heißt es in einem Überblicksaufsatz von 1982, »nimmt gegenwärtig eine Spitzenposition in der bibliothekarischen Sacherschließung ein«.[2]

Wodurch zeichnen sich »Schlagwörter« im Sinne der Bibliothekswissenschaften aus? Heinrich Roloff betont in seinem viele Male aufgelegten *Lehrbuch der Sachkatalogisierung*, dass sich in ihnen »das Substrat des Sachinhaltes der zu erschließenden Bücher konkretisiert. Das Schlagwort ist der kürzeste, sachlich treffende Ausdruck für den in dem einzelnen Werk dargestellten Gegenstand.« Es sei die Aufgabe von

Schlagwörtern, so Agnes Stählin, die in Erlangen den ersten großen Schlagwortkatalog einer deutschen Universitätsbibliothek aufgebaut hat, »im Benutzer richtige Vorstellungen vom Inhalt bestimmter Bücher zu erzeugen«.[3] Die Problematik des neuen Ordnungsprinzips besteht aber darin, dass die größere Offenheit der Katalogisierung gleichzeitig auch eine Gefahr der Willkür bedeutet. Weil »Schlagwörter« den Gehalt des Buches nicht mehr nach Begriffen einer vorab festgelegten Wissenssystematik abbilden und auch nicht nach Titelwörtern (wie im »Stichwort-Katalog«), drohen diesem Verfahren Standards der Überprüfbarkeit und Vergleichbarkeit abzugehen. Was der einzelne Bibliothekar nach der flüchtigen Inhaltsanalyse eines Werks als »Substrat des Sachinhaltes« fasst, ist mit einer hermeneutischen Anstrengung und daher mit einem Rest an Subjektivität verbunden. Wie soll das neue Katalogformat unter diesen Bedingungen verbindlich funktionieren? Wie ist die Objektivität eines Schlagwortkatalogs für die Nutzer einer Bibliothek zu gewährleisten?

Überlegungen zu diesen Fragen haben die Bibliothekswissenschaften seit den Anfängen des »Schlagworts« als Ordnungseinheit begleitet. Einerseits publizieren die Institutionen und Universitäten detaillierte Regeln für den Aufbau ihres Katalogs,[4] andererseits entstehen Standardlisten, die dafür sorgen, dass die gleichen Bücher in unterschiedlichen Bibliotheken einheitlich verzeichnet werden. Der Erstellung von Schlagwörtern muss also, so gut es geht, jeder Spielraum des Individuellen ausgetrieben werden. »Für die amerikanischen Public Libraries gibt es seit 1923 eine Standardliste«, schreibt Roloff; die Schlagwortliste der Library of Congress in Washington, D. C., maßgeblich für die Universitätsbibliotheken in den USA, enthalte in ihrer Auflage von 1966 bereits über 250 000 Einträge.[5] In Deutschland entstehen ab den 1950er Jahren verschiedene Musterregelwerke, die mit dem Aufkommen elektronischer Datenverarbeitung in der Katalogbildung zunehmend vereinheitlicht werden. 1986 erscheinen die von einer Kommission des Deutschen Bibliotheksinstituts erstellten, bundesweit gültigen »Regeln für den Schlagwortkatalog«, die heute in vierter Auflage vorliegen, verteilt auf 773 Paragraphen und knapp 300 Seiten. Seit dem Jahr 1988 publiziert das Deutsche Bibliotheksinstitut zudem eine »Schlagwortnormdatei«, die ein Procedere sichern soll, das im Fachjargon der Bibliothekswissenschaften »Terminologiekontrolle« heißt.[6]

Ausgehend von diesem Begriff lässt sich das Verhältnis zwischen dem Schlagwort, wie es sich im 20. Jahrhundert als Katalogisierungsprinzip herausgeprägt hat, und dem Hashtag als Organisator von Aussagen und Dokumenten beschreiben. Die mit dem Doppelkreuz versehenen Schlagwörter bei Twitter oder Instagram sind so gut wie keiner zentral regulierten »Terminologiekontrolle« unterzogen. Abgesehen von wenigen Einschränkungen der Syntax (keine Leerzeichen, keine Satzzeichen, Zahlen nur in Verbindung mit Buchstaben)[7] kann jedes beliebige Wort, jede beliebige Wortfolge zum Hashtag werden. Im Gegensatz zu den seit über einem Jahrhundert währenden Anstrengungen der Bibliothekswissenschaften, die Vergabepraxis der Schlagwörter zu vereinheitlichen, die Sprache der Kataloge zu normieren, den Personenkreis und die Arbeitsweise der Schlagwortberechtigten genauestens einzugrenzen, kennt der Gebrauch des Hashtags keine Instanz. Die Sozialen Medien erlauben ein freies Wuchern der Markierungen. An die Stelle von Regelwerken und Normdateien tritt als Ordnungsprinzip ein spezifisches Zeichen, »#«, das kraft Software-Einstellung entscheidet, was Schlagwort ist und was nicht. Autorisierungs- und inhaltliche Standardisierungsdebatten sind im Zusammenhang mit dem Hashtag irrelevant. Jeder Instagram-Nutzerin, jedem Twitter-Nutzer ist die Lizenz zur Indexierung gegeben. Diese Ausweitung der Schlagwortberechtigten in der digitalen Kultur wurde in den letzten Jahren häufig als Akt der politischen Emanzipation beschrieben und verleiht dem Hashtag sein Potential für die Herausbildung von Gegenöffentlichkeit.[8]

Kennzeichen des Hashtags ist also erstens die Abwesenheit einer übergeordneten Regulierungsinstanz.

Hinzu kommt, als zweite große Differenz zu früheren Indexierungsformen, das veränderte Verhältnis zwischen dem Schlagwort und seinem Referenten. In Archiven und Bibliotheken, daran lassen die Debatten um Katalogsysteme im 20. Jahrhundert keinen Zweifel, ist das Schlagwort etwas dem Buch oder Dokument Nachgeordnetes. Der Bibliothekar, schreibt Heinrich Roloff, »sucht während des Anlesens den kürzesten, prägnanten sprachlichen Ausdruck für den Gegenstand des Buches«.[9] Das Substrat des Schlagworts, könnte man sagen, ist das Supplement jenes Werks, das es abbildet. Wie sehr sich dieses Repräsentationsverhältnis im Hinblick auf den Hashtag verändert hat, wird auf den ersten Blick deutlich. Zwischen einem Tweet und dem in ihm enthaltenen Hashtag besteht keine klare Bezugshierarchie. Das mit Raute versehene Schlagwort ist nicht einfach eine nachträgliche Markierung des Geschriebenen; genauso gut (und vielleicht sogar häufiger) dreht sich das Verhältnis um, und der Tweet oder die auf Instagram hochgeladenen Fotos sind eine Reaktion auf einen populären Hashtag, dessen Reichweite man für eigene Beiträge nutzen möchte. »Mit sehr hoher Wahrscheinlichkeit«, so die Autoren eines 2010 publizierten Aufsatzes über den Gebrauch von Twitter-Hashtags, »würden die Nutzer ihre Tweets zu einem ›trending topic‹ nicht schreiben, wenn es ihnen nicht darum gehen würde, Teil eines kurzzeitigen Internet-Memes zu werden«.[10] Der Hashtag regt also zu

Tweets an, und diese Dynamik bringt ein anderes Zeit- und Kausalverhältnis zwischen Schlagwort und Referent hervor. In Bibliothekskatalogen zieht ein neuer Buchtitel ein Schlagwort nach sich; in den Sozialen Medien zieht ein neuer Hashtag möglichst viele Beiträge nach sich.

Verbunden mit dieser für jeden nutzbaren Gestaltungskraft des Schlagworts ist drittens schließlich eine bislang unbekannte Amalgamierung von Text und Metadaten. Das Format des Katalogs etwa hebt sich deutlich ab von der Bibliothek, die es abbildet; Schlagwörter erfassen das Buch, machen es im Geflecht der Sammlung identifizierbar, werden aber niemals Teil von ihm. Im Tweet dagegen fließt dieses Verhältnis von bedeutungstragendem Text und Metadaten auf unentwirrbare Weise ineinander. Die mit dem Zeichen # gekennzeichnete Buchstabenfolge erscheint nicht nur als Teil des Beitrags, oft mitten im Satz platziert, sondern nimmt in raffinierter komponierten Tweets sogar auf ihn Bezug, äußert einen impliziten Kommentar, stellt das Gesagte ironisch in Frage.

Abwesenheit einer Ordnungsinstanz, Neubestimmung der Bezugshierarchie, Untrennbarkeit von Text und Metadaten: Diese drei Faktoren können die Funktion des Hashtags für die zeitgenössische Organisation von Aussagen und Dokumenten, in Abgrenzung zur Geschichte des Schlagworts in den Bibliothekswissenschaften, anschaulich fassen. Es gibt allerdings, wie erwähnt, noch einen zweiten wissensgeschichtlichen Strang, in dem die Kategorie des »Schlagworts« eine herausgehobene Rolle spielt, und zwar jene sprachwissenschaftliche Teildisziplin, die seit dem beginnenden 20. Jahrhundert unter dem Namen »Historische Schlagwortforschung« bekannt ist. In diesem Zusammenhang kommt dem Begriff keine taxonomische Aufgabe zu, sondern er wird als ein Hilfsmittel verstanden, um den Gehalt einer geschichtlichen Epoche oder die Kernaussagen eines politischen Programms zu beschreiben. Wie es bei Friedrich Lepp in seiner 1908 erschienenen Studie über die »Schlagwörter der Reformationszeit«, einem der Gründungstexte dieser Wissenschaftsdisziplin, heißt: »Einen Massstab für die Grösse der Zeit, die Breite und Tiefe der die Geister bewegenden Fragen, gibt die Zahl der Schlagworte, die ein Zeitraum aufzuweisen hat. […] Sie sind in ihrer schlagenden Kürze der treueste charakteristische Ausdruck des Wesens einer Epoche«.[11]

Auch in der historischen Schlagwortforschung ist die Suche nach verbindlichen Definitionskriterien so alt wie das wissenschaftliche Verfahren selbst. Wie kann der »charakteristische Ausdruck des Wesens einer Epoche« auf verifizierbare Weise gefunden werden? Was zeichnet die Gestalt eines Schlagworts aus, worin liegt seine besondere Eignung? Einen frühen Beitrag zu diesen Fragen liefert der Wiener Historiker Wilhelm

Bauer in seinem Aufsatz *Das Schlagwort als sozialpsy-chische und geistesgeschichtliche Erscheinung*, der im Jahr 1920 erscheint. »Wenn ein Wort zum Schlagwort sich wandelt«, schreibt Bauer, entfernt es sich »von seiner ursprünglichen begrifflichen Grundlage«. Die Wörter werden »aus ihrer lexikalischen Ruhe, in der sie bis dahin dahingelebt haben, plötzlich aufgescheucht [...] Sie treten damit aus ihrem sachlich-logischen Stadium in ihr emotionales.«[12]

»Emotionalität« bleibt dann auch in den systematischen Abhandlungen zur Methodik der »historischen Schlagwortforschung«, die ab den 1960er Jahren in Deutschland entstehen, das bestimmende Kriterium. Wulf Wülfing etwa stellt in seiner großen Studie von 1982 »sechs Merkmale« eines Epochen-Schlagworts auf: »Verkürzung«, »Emotionalisierung«, »Antiratio-nalität«, »inhaltliche Unbestimmbarkeit«, »scheinbare Klarheit« und »Wiederholungszwang«; und selbst in einer methodologischen Dissertation über das histo-rische Schlagwort aus dem Jahr 2000 zählen zu den zentralen »Indikatoren« weiterhin die Kategorien »emotionelle Aufladung« und »appellative Verwen-dung«.[13]

Diese konstante Fokussierung auf »Emotionali-tät« ist im Hinblick auf die Herkunftsgeschichte des Begriffs »Schlagwort« in doppelter Weise von Inter-esse. Zum einen hat der Terminus in der historischen Sprachforschung offenbar genau die entgegengesetzte

Bedeutung wie in den Bibliothekswissenschaften. Dort nimmt das »Schlagwort« seit seiner Etablierung im frühen 20. Jahrhundert eine Ordnungs- und Katalogisierungsfunktion ein und steht damit für ein Prinzip der Rationalität schlechthin. Der »Stimmungsgehalt«[14] des Schlagworts, der seit Bauers Überlegungen für die Sprachwissenschaften zentral ist, kann für die Organisation von Wissensbeständen keine Rolle spielen. Zum anderen ist dieses Augenmerk auf der »emotionellen Aufladung« des Schlagworts, die Beatrice Wolter noch im Jahr 2000 zu seinen wichtigsten Kategorien rechnet, vor allem auch in Bezug auf den Hashtag bemerkenswert. Denn wie ließe sich heute, in der Verschlagwortungspraxis der Sozialen Medien, der Stellenwert der »Emotionalität« bestimmen? Im technischen Prozess, der jede mit dem Zeichen # versehene Buchstabenfolge auf Twitter oder Instagram automatisch, durch die Anweisung eines Computercodes, zum »Schlagwort« macht, wird eine Kategorie wie »Gefühl« obsolet. Auch wenn die wirkungsmächtigsten Hashtags in ihrer Sprachbedeutung Emotionen wie Empathie, Solidarität oder Identifikation hervorrufen (»#Icantbreathe«, »#JeSuisCharlie«, »#BlackLivesMatter«, »#MeToo«) und damit die von Bauer bis Wolter aufgestellten Kriterien erfüllen: Was in der Vernetzungslogik der digitalen Kultur zum Schlagwort wird oder nicht, hat mit semantischen Kriterien letztendlich nichts zu tun. Noch der emotionellste, appellativste, antirationalste

Begriff verpufft auf Twitter, wenn ihm kein Raute-zeichen vorangestellt ist. Umgekehrt kann eine belang-lose (und theoretisch sogar sinnfreie) Buchstabenfolge zum wichtigsten Schlagwort der »trending topics« werden, wenn er nur in möglichst vielen Tweets auf-taucht. Donald Trumps Verschreiber »covfefe«, der im Mai 2017 zu einem hunderttausende Male kommen-tierten Hashtag wurde, wäre ein berüchtigtes Beispiel dafür.

Semantik und Hermeneutik, Bedeutungsgehalt und Einfühlungsvermögen – zentrale Kategorien für die Arbeit der historischen Schlagwortforschung – sind im Zuge der Kodifizierungsprozesse, die aus einem Wort einen Hashtag machen, also ohne Belang. (Insofern bleibt von den »sechs Merkmalen« Wülfings unter den Bedingungen der digitalen Kultur nur noch der letzte übrig, »Wiederholungszwang«.) Und diese grundle-gende Differenz gilt für die aktuelle Entstehung von Schlagwörtern genauso wie für ihre Erkennbarkeit. Denn die Sprachwissenschaftler und Historiker ha-ben nicht nur die typische Gestalt eines Schlagworts von Beginn an mit dem Kriterium der »Emotion« ver-knüpft, sondern auch das Vermögen, es zu identifizie-ren. Schon bei Wilhelm Bauer heißt es: »Das aber, was ein Wort zum Schlagwort macht, das Emotionale an ihm, läßt sich nicht gedanklich feststellen [...] Letz-ten Endes läßt sich das nur erfühlen.« Dieser Befund, dass die Schlagwörter einer Epoche allein dem Gespür eines überaus empfindsamen Lesers zugänglich seien, bleibt dann in den systematischen Abhandlungen des späten 20. Jahrhunderts ebenso konstant erhalten. Achtzig Jahre nach Bauer schreibt Beatrice Wolter über den wissenschaftlichen Prozess der Schlagwortanalyse: »Im Verlauf der Lektüre baut sich ein Dialog zwischen Analysator und Textkorpus auf. Hochfrequentes Auftreten eines Wortes erregt die Aufmerksamkeit des Analysators.« Und angesichts ihrer methodischen Vorüberlegungen zieht sie das Fazit: »Anhand von Indikatoren ist ein Schlagwort als solches zu erkennen, wobei die letzte Entscheidung, ob es sich um ein Schlagwort handelt, im Ermessen des Analysators liegt«.[15]

»Erfühlen«, »Aufmerken«, »Ermessen« – das sind die hermeneutischen Kernkompetenzen von Wissenschaftlern, die Begriffe als Schlagwörter benennen sollen. Sieben Jahre nach diesen Bemerkungen schreibt Chris Messina seinen Tweet, und seither hat sich die Frage, was ein Schlagwort in einem Bestand von Aussagen und Dokumenten sei, stark vereinfacht. Kein feinfühliger »Dialog zwischen Analysator und Textkorpus« ist mehr notwendig. Die Antwort geben schlicht das Zeichen # und die Buchstaben, die ihm nachfolgen.

Der Hashtag hat in der Wissensgeschichte des 20. Jahrhunderts also zwei Paten: das »Schlagwort« als Ordnungseinheit eines Dokumentenbestands und als kennzeichnender Ausdruck einer Epoche oder eines Programms. Die eine Linie seiner Herkunft weist auf seine taxonomische, die andere auf seine semantische Funktion. Im Hashtag, so könnte man sagen, haben sich diese beiden genealogischen Stränge vereint. Einerseits arbeitet er, wie das »Schlagwort« im Katalog, an der Klassifikation von Dokumenten; andererseits findet diese Klassifikation nicht mehr hinter den Türen einer Bibliothekskommission statt, sondern in der allgemein zugänglichen, für jeden mitgestaltbaren Medienöffentlichkeit der Sozialen Netzwerke, wodurch die Ordnungseinheit »Hashtag« auch Schlagwörter im Sinne der sprachwissenschaftlich-historischen Forschung hervorbringt. »#iranelection« im Jahr 2009, »#icebucketchallenge« und »#ferguson« 2014, »#MeToo« 2017/2018 sind beides – katalogisierende Termini eines Wissensbestandes und charakteristische Begriffe eines Zeitabschnitts. Der Hashtag ist Index und Parole zugleich.

Aber welche Umstellungen waren es genau, die diese Vereinigung herbeigeführt haben? Der Twitter-Hashtag erscheint seit 2007 als populäre, jedem vertraute Ausprägung der Möglichkeit, am Prozess öffentlicher Schlagwortbildung teilzuhaben. Die entscheidenden Zäsuren auf dem Weg vom »Schlagwort« im Sinne des Bibliothekskatalogs zum Hashtag der Sozialen Medien sind aber noch einige Jahre älter. Sie betreffen die medientechnischen Bedingungen einer Verschlagwortungspraxis, die nicht mehr auf spezifische Berufsmilieus und akkreditiertes Fachpersonal beschränkt ist, sondern jedem Nutzer des Internets offenstehen.

Als die »World Wide Web« getaufte Ansammlung von vernetzten Computerdokumenten in der ersten Hälfte der 1990er Jahre zunehmend unübersehbare Gestalt annahm, stellte sich die Frage, wie dieses neu entstehende Archiv des Wissens katalogisiert und abgebildet werden könne. Frühe Versuche, Ordnungsprinzipien großer Bibliotheken auf die Klassifikation aller Websites zu übertragen, zum Beispiel durch ein von einem zentralen Konsortium erstellten System aus Schlagwörtern, stellten sich, wie Isabella Peters schreibt, rasch als undurchführbar heraus; »das Internet wuchs einfach zu schnell, um jede Website zu finden, zu analysieren und zuzuordnen«.[16] Ab Mitte der neunziger Jahre vollzieht sich die Auffindbarkeit von Dokumenten im Netz daher fast ausschließlich über Suchmaschinen, die allerdings, wie jeder Google-Nutzer weiß, nur die Links zu vollen Websites anzeigen, geordnet nach einem kryptischen algorithmischen System. Die Indexierung von Websites mittels separater »Schlagwörter«, erstellt nach transparenteren Maßgaben als denen der Konzern-Algorithmen – eine frühe Idee vieler Netzaktivisten – bleibt angesichts der wuchernden Fülle von Online-Dokumenten ein illusorisches Konzept.

Das ist die Situation vor jener historischen Schwelle in der digitalen Kultur, der man den Namen »Web 2.0« verliehen hat. Im Zuge schnellerer Breitbandverbindungen, internetfähiger Handys und der Omnipräsenz digitaler Kameras beginnen um das Jahr 2004 Dokumente und Wissensbestände das Netz zu prägen, die von den Nutzern selbst erstellt und verwaltet werden. Genau in dieser Umgebung kehrt die frühe Idee einer schlagwortgeleiteten Indexierung zurück – nun aber nicht mehr im Sinne einer zentralen, übergeordneten Kommission, deren Arbeit angesichts der Ausdehnung des »World Wide Web« ohnehin längst unmöglich wäre, sondern übertragen auf die Gemeinschaft aller User. Auf neugegründeten Plattformen wie dem Fotoarchiv Flickr (Februar 2004) oder der Seite Delicious (Dezember 2003), auf der die Nutzer ihre mit Lesezeichen markierten Websites teilen und kommentieren können, taucht zum ersten Mal eine Organisation der Archivbestände mittels selbstgewählter Schlagwörter auf – eine Praxis, die bald den Namen »Social Tagging« trägt. Wer auf Flickr oder Delicious ein bestimmtes Schlagwort eingibt, erhält alle Fotos oder Bookmarks, die zu diesem Begriff auf der Plattform existieren.

An diesen Orten beginnt also die Umwandlung der Katalog-Schlagwörter vom geschlossenen, zentral regulierten Bestand einer Bibliothek zum offenen, für jeden erweiterbaren Bestand eines Sozialen Netzwerks. Es entstehen, wie Gene Smith schon im Jahr 2008 bilanziert, »nutzerdefinierte Labels, um Informationen zu organisieren und zu teilen«, »Metadaten für Jedermann«.[17] Der Prozess der Verschlagwortung erhält damit einen performativen Mehrwert; es geht für die Nutzer von Flickr oder Delicious nicht mehr um das Setzen von Standards oder das Einhalten von Normen, sondern um einen schöpferischen Prozess. Jene Poesie der Schlagwortgebung, die die besten Twitter-Hashtags heute hervorbringen, nimmt hier ihren Anfang. Als Begriff, der diese allen zugängliche Klassifizierungsform von Wissensbeständen kennzeichnet – als Schlagwort der Schlagwörter gewissermaßen – kursiert ab 2004 der Neologismus »Folksonomy«, zusammengesetzt aus den Wörtern »Folk« und »Taxonomy«. Thomas Vander Wal, der die Erfindung dieses Namens für sich reklamiert, betont in einem Blogeintrag vor allem auch die Identität von Produzenten und Konsumenten in der Sphäre des »Social Taggings«; eine »Folksonomy« kennt keine externe Autorität der Schlagwortgebung.[18]

Als sich das »Social Tagging« auf Flickr und Delicious vor 15 Jahren herausbildete, konnten die Schlagwörter für die Nutzer prinzipiell auch die Funktion eines rein persönlichen Klassifikationssystems einnehmen. Erst jene algorithmischen Operationen, die das individuelle Schlagwort mit den Beiträgen anderer Nutzer zusammenführten, ließen das Archiv einer »Folksonomy« entstehen und verwandelten, wie Erika

Linz vor kurzem geschrieben hat, das »soziale« in ein »kollaboratives Tagging«.[19]

Diese Kollaboration ist – und das macht den großen Unterschied zwischen Delicious und Twitter, zwischen Flickr und Instagram aus – in den aktuellen Sozialen Medien durch das Zeichen # bereits vorgegeben. Wer ein Schlagwort allein zu privaten Katalogisierungszwecken benötigt, setzt keinen Hashtag. Verschlagwortung ist auf Twitter und Instagram dagegen gleichbedeutend mit einem Wunsch nach Akkumulation, nach Verbindung mit anderen, unter dem gleichen Hashtag verzeichneten Beiträgen. Erika Linz' Hypothese »Nicht selten wird die Wahl der Schlagworte auch mit Blick auf ein öffentliches Publikum vorgenommen«[20] ist in Bezug auf den heutigen Gebrauch des Rautezeichens sicher zu zaghaft formuliert. Eher müsste man sagen, dass der Einsatz eines Hashtags auf Twitter oder Instagram immer schon auf sein Kampagnenpotential zu prüfen ist. In der Geschichte des Schlagworts als Ordnungseinheit spielte dieses Potential bis vor kurzem keine Rolle. Katalogsysteme von Bibliotheken kennen keine »trending topics«. Die Organisation der Aussagen und Dokumente in der digitalen Kultur dagegen macht den Willen zur Ausdehnung zum grundlegenden kommunikationstechnologischen Prinzip. Ihre Chiffre ist das Zeichen #, dessen dynamische, nach allen Seiten hin offene Gestalt die Hoffnung auf maximale Streuung verkörpert.

5 Schauplätze des Hashtags I:
Politischer Aktivismus

Wenn man sich darüber informiert, in welchen Zusammenhängen der Hashtag bislang eine besondere Rolle gespielt hat, welche wissenschaftlichen und professionellen Milieus seine Funktionen vor allem zu ergründen versucht haben, ergibt sich bei jeder Google-Suche, bei jeder Katalogrecherche in Bibliotheken und Datenbanken derselbe Effekt: Immer stammen die Reflexionen über den Hashtag, von wenigen Ausnahmen abgesehen, aus denselben zwei Bereichen – sozial- und medienwissenschaftlichen Artikeln über politischen Aktivismus einerseits und Beiträgen aus der Welt des Marketings andererseits. Diese beiden Perspektiven haben die Beschäftigung mit der neuen Organisationsform von Aussagen in den vergangenen zehn Jahren mit überwältigender Dominanz geprägt, und es stellt sich die Frage, womit eine solche Nähe zweier auf den ersten Blick höchst unterschiedlicher Kontexte zu tun hat. Offenbar nimmt die Sehnsucht nach Kollektiv- und Kampagnenbildung, die den Gebrauch des Doppelkreuzes kennzeichnet, vorwiegend diese beiden, unter den Namen »Hashtag Activism« und »Hashtag Marketing« bekanntgewordenen Erscheinungsformen an.

Dass das Zeichen # mit der Formierung politischer Gegenöffentlichkeit zusammenhängt, ist bereits an den Umständen seiner Genese auf Twitter ablesbar. Das Konferenzgenre »Barcamp«, das Chris Messina als Gründungsexempel seines Vorschlags auswählte, war ja ab dem Jahr 2005 als offenes Forum angelegt, um Fragen der Netzkultur jenseits vorab festgelegter Tagungsordnungen und massenmedial gefilterter Berichterstattung zu diskutieren. Im Zeichen des Hashtags sollten sich also von Beginn an Stimmen zusammenfinden und bündeln, die von den herkömmlichen Mediensystemen nicht ausreichend repräsentiert wurden. Diese emanzipatorische Funktion des Zeichens # ist in Untersuchungen über die Rolle von Twitter für aktuelle politische Bewegungen seither immer wieder betont worden. Axel Bruns und Jean Burgess, die im Jahr 2011 einen vielzitierten medienwissenschaftlichen Artikel über den »Gebrauch von Twitter-Hashtags für die Entstehung von Ad-hoc-Öffentlichkeiten« publiziert haben, sprechen etwa von der »zentralen Rolle des Hashtags, um Öffentlichkeit zu koordinieren«. Paolo Gerbaudo nennt das Zeichen # in seinem 2012 erschienenen Buch über »Soziale Medien und zeitgenössischen Aktivismus« ein »Mittel zur Mobilisierung von

Kollektiven«. Für Nathan Rambukkana schließlich, der im Jahr 2015 den bislang umfangreichsten Sammelband über *Hashtag Publics* herausgegeben hat, ist das Doppelkreuz, dieses »vielfach umgewidmete Element der Typographie«, sogar ein »rebellisches Zeichen«, das »eine neue Ordnung des Diskurses etablieren« könne.[1]

Worin genau besteht die »Rebellion« des Hashtags? Zuallererst darin, Einzelpersonen und Bevölkerungsgruppen, die von der Berichterstattung konventioneller Massenmedien ausgeschlossen sind oder die in verzerrter Weise darin auftauchen, durch wenige Tastendrücke auf ihren Telefonen und Computern ein sichtbares Korrektiv zu verschaffen. »Dank der partizipativen Gestalt dieser Äußerungsformen«, so Joel Penney, »kommt ihnen großes Potential für die Verstärkung der Perspektiven randständiger Gruppen zu sowie für die Demokratisierung politischer Überzeugungsarbeit, die bislang immer von Eliteinteressen geprägt war«.[2] Es ist daher folgerichtig, dass der erste politische Hashtag, der dauerhaft in den »trending topics« von Twitter auftaucht – im Frühsommer 2009, noch vor der automatischen Vernetzung aller Beiträge zum selben Schlagwort – aus einem autoritär regierten Land mit staatlich überwachten Massenmedien stammt. Nachdem Präsident Ahmadinejad am 12. Juni trotz spürbarer Reformstimmung in der Bevölkerung mit offiziell zwei Dritteln der Stimmen wiedergewählt wird, beginnt ein Autorenteam auf Twitter unter dem Hashtag »#iranelection«, den kollektiven Unmut über das vermutlich manipulierte Wahlergebnis und die Ausbreitung der Proteste auf den Straßen von Teheran zu protokollieren. Was mit sechzig Tweets am Tag anfängt, als Gegenstimme zum Schweigen der iranischen Staatsmedien und der Ausweisung ausländischer Korrespondenten, schwillt im Lauf des Monats, im Zuge der eskalierenden Proteste, zu »mehr als zehntausend Twitter-Beiträgen pro Stunde an, so dass *#iranelection*«, wie Negar Mottahedeh in ihrem gleichnamigen Buch von 2015 schreibt, »nach der Präsidentschaftswahl 14 Tage lang der höchstplatzierte Hashtag weltweit bleibt«.[3]

Im Herkunftsland der Sozialen Medien selbst bilden sich jene politischen Hashtags, die in den vergangenen Jahren zu den bekanntesten und meistverwendeten auf Twitter wurden, ebenfalls als Chiffren der Gegenöffentlichkeit heraus. Unter den Schlagwörtern »#BlackLivesMatter« ab 2013 und »#Ferguson« ab 2014 – bis heute über fünfzehn beziehungsweise über dreißig Millionen Mal auf Twitter benutzt[4] – formieren sich Aussagen zur unzureichenden rechtlichen und journalistischen Beurteilung zweier Tötungsdelikte, die weiße Autoritätspersonen an unbewaffneten schwarzen Jugendlichen verübt haben. Der Freispruch eines Wachmanns im Juli 2013, der in Florida im Jahr zuvor den Schüler Trayvon Martin erschossen hatte, sowie die Tötung des achtzehnjährigen Michael Brown durch einen Polizisten in Ferguson / Missouri im August 2014 lösen auf Twitter eine Fülle von Eindrücken, Kommentaren und Solidaritätsbekundungen aus, die der latent rassistischen Haltung vieler Polizeiverbände, Gerichte und Fernsehsender eine andere Perspektive entgegenhalten.

Yarimar Bonilla und Jonathan Rosa, die im Jahr 2015 eine »Hashtag-Ethnographie« über »#Ferguson« publiziert haben, machen mit einer interessanten Statistik darauf aufmerksam, dass im Zeitraum ihrer Untersuchung eine deutlich höhere Zahl von schwarzen Amerikanern in den USA Twitter genutzt hätte als weiße (22 gegenüber 16 Prozent).[5] Diese Differenz bringen die Autoren mit der Bedeutung der Sozialen Medien als Nachrichtenkanäle der Gegenöffentlichkeit in Verbindung: »Es ist sicher kein Zufall«, schreiben sie, »dass sich gerade die in den konventionellen Medien Unterrepräsentierten am ehesten im digitalen Aktivismus wiederfinden«. Und über »#Ferguson« und weitere, im Verlauf der Protestbewegungen hinzugekommene Hashtags wie »#HandsUpDontShoot« oder »#IfTheyGunnedMeDown« heißt es in ihrem Aufsatz, der Gebrauch dieser Schlagwörter würde »die lange Geschichte der unzulänglichen und tendenziösen Darstellung von Afroamerikanern innerhalb der Mainstream-Medien korrigieren helfen«.[6]

Hashtags, das wird in diesen eindringlichen Passagen deutlich, sind also Knotenpunkte einer neuen Medienöffentlichkeit, die es einer von Fremdzuschreibungen geprägten Bevölkerungsgruppe erlaubt, direkte und wahrhaftigere Selbstbeschreibungen zu versammeln, die eigene Stimme ohne die Reibungsverluste der massenmedialen Filter zu erheben, einen kollektiv verstärkten »#Aufschrei« auszustoßen, wie ein populärer Hashtag in Deutschland 2013 hieß. In der medien- und sozialwissenschaftlichen Forschung wird diese politische Kraft der Twitter-Schlagwörter häufig mit der »Akteur-Netzwerk-Theorie« des Wissenschaftsforschers Bruno Latour in Verbindung gebracht. Der Hashtag, so etwa Nathan Rambukkana, sei »ein Akteur mit eigenem Recht«; sein Gebrauch im Netzaktivismus bekräftige Latours zwanzig Jahre alten Befund, dass »sowohl Technologien als auch Individuen als Akteure begriffen werden können, um einander zu beeinflussen und Prozesse anzustoßen«.[7] Für Negar Mottahedeh sorgt diese Handlungsmacht des Hashtags sogar dafür, dass die Technologien und die Individuen, die Daten und die Körper ineinanderfließen. Das ist zumindest die in ihrem Buch *#iranelection* an zahlreichen Stellen wiederkehrende These: »Die von einem einheitlichen, globalen Hashtag ausgelöste internationale Massenbewegung«, schreibt sie, »wurde zu einem fühlenden, atmenden Kollektiv, halb Fleisch, halb Daten«. Angetrieben von der wuchernden Kraft des

Zeichens #, so Mottahedeh, verwandeln sich Buchstaben in den organischen Körper der Protestgemeinschaft.[8]

6 Schauplätze des Hashtags II: Marketing

Politische Hashtags haben in den letzten Jahren also immer dann besondere Wucht entfaltet, wenn sie Regionen betreffen, in denen Soziale Netzwerke eine grundsätzliche Gegenöffentlichkeit zu den Staatsmedien schaffen können (neben »#iranelection« wären etwa auch »#Tahrir« in Ägypten 2011 und »#BringBackOurGirls« in Nigeria 2014 zu nennen), oder wenn sie Bevölkerungsgruppen zu einer Stimme verhelfen, deren Repräsentation in der konventionellen Medienrealität ignoriert oder verzerrt zu werden droht (»#BlackLivesMatter« und »#Ferguson« zählen hierzu genauso wie »#Aufschrei« und »#MeToo«). In der öffentlichen Wahrnehmung haben sich diese ikonischen Vertreter des »Hashtag-Aktivismus« vor allen anderen Twitter- oder Instagram-Schlagwörtern eingebrannt.

Es gibt in der jungen Geschichte des Hashtags aber ein zweites Einsatzgebiet, eine zweite Verbreitungsform, die mindestens genauso viele Anleitungen, Kommentare und Analysen hervorgebracht hat – die

Sphäre des Marketings. Diese Verbindung ist bereits etymologisch angelegt – »to tag« heißt »markieren« –, und in den Theorien der avancierten, von den Sozialen Medien geleiteten Produktkommunikation kommt dem Doppelkreuz als Vorzeichen von Kampagnennamen und Werbeslogans eine zentrale Funktion zu. Am Ende von Nathan Rambukkanas leidenschaftlichem Plädoyer für »Activist Hashtag Publics« fällt ein bemerkenswerter Satz, in dem er einen Moment lang auf diese zweite, vom Marketing angetriebene Gebrauchsweise digitaler Verschlagwortung zu sprechen kommt. »Ein Resultat seiner Prominenz«, schreibt er über den Hashtag, »ist seltsamerweise, dass zumindest in dieser Hinsicht Neoliberalismus und Aktivismus die gleiche Sprache sprechen – wenngleich natürlich mit ganz unterschiedlichen Intentionen«.[1] Dieser kurze Einschub in einem der bislang wortmächtigsten Manifeste des Hashtag-Aktivismus ist aufschlussreich (und es wird noch die Frage sein, ob die Kategorie der »Intention« für die Erklärung dieser Übereinstimmung wirklich eine Rolle spielt). Das »rebellische« oder »widerspenstige« Zeichen #, wie Rambukkana es nannte, kann jedenfalls mit gleichem Recht als höchst geschmeidig und anpassungsfähig verstanden werden, weil es die Aufmerksamkeit für Marken, Produkte, Dienstleistungen, Geschäftsideen auf beiläufige, von der Gemeinschaft der potentiellen Kunden mitgetragene Weise verdichtet.

In den Marketing-Handbüchern und -Blogs ist der Hashtag als Akteur heute allgegenwärtig. »Dieses populäre Symbol«, so eine Anleitung zum »Hashtag Marketing« von 2017, »verkörpert einen eminent wichtigen Baustein des digitalen Marketings. Der Hashtag ist der Ausgangspunkt für die Einbeziehung der Nutzer und zentraler Bestandteil jeder erfolgreichen Kampagne in den Sozialen Medien.«[2] Aber worin genau besteht die spezifische Eignung des Zeichens für die Reichweite von Kampagnen? Das mit dem Doppelkreuz versehene Schlagwort, so könnte man sagen, ist der ideale Agent jener neuen Form von Kundenbindung, die seit etwa zehn Jahren unter dem Namen »Content Marketing« bekannt ist. Seitdem es die digitale Medientechnologie jedem Unternehmen erlaubt, über eigene Websites, Blogs und Profile in den Sozialen Netzwerken wie ein Verlagshaus zu operieren, heißt »Marketing« nicht mehr in erster Linie, in den Massenmedien bezahlte Werbung für ein Produkt zu lancieren, sondern ein selbstgestaltetes mediales Umfeld zu erzeugen, in dem die erhoffte Hinwendung der Konsumenten zu den angebotenen Erzeugnissen über indirekte, atmosphärische Anreize erfolgen soll, wie etwa der Gestaltung redaktioneller »Inhalte« – englisch »content« – oder dem Aufbau einer »Community« von Gleichgesinnten. (Der österreichische Getränkekonzern Red Bull war in dieser Hinsicht ein Vorreiter, weil er sein Marketingkonzept schon seit den 1990er Jahren

auf die Erzeugung solcher Redaktionen und Gemein-
schaften, über die Themen Sport und Musik, ausge-
richtet hat.)

Der Hashtag nun verstärkt die Wirkungsmacht und
Erfolgsaussicht des Content-Marketings in vielfältiger
Hinsicht. Denn er verschränkt sowohl den Austausch
zwischen Konzernen und Konsumenten als auch den
der Konsumenten untereinander auf eine präzise gekennzeichnete und quantifizierbare Weise. In den
Anfangsjahren der Sozialen Medien konnte zwar der
vielgelesene Blog-Eintrag, das häufig angeklickte You-
Tube-Video eines Unternehmens dafür sorgen, dass
der entsprechende Link bei einer Google-Suche möglichst weit vorne im Ranking auftauchte, aber dieses
Bestreben der »Suchmaschinen-Optimierung«, das
letztlich das Ziel allen Content-Marketings ausmachte,
war immer an die unwägbare, kaum zu messende
Frage gekoppelt, ob die Nutzer und potentiellen Kunden auch auf die redaktionellen »Inhalte« der Werbe-
kampagnen ansprachen.

In der Sphäre von Twitter und Instagram, unter
den Bedingungen des Hashtags, lässt sich diese Un-
wägbarkeit inzwischen vermindern. Die markierten
Schlagwörter, die ein Unternehmen seinen Beiträgen
und Fotos hinzufügt, können von den Nutzern übernommen, weitergeleitet, wiederverwendet werden.
Sie sind ein so unscheinbares wie effektives Mittel,
um die Präsenz einer Marke im Netz zu erhöhen, um

die herbeigesehnte, absatzfördernde »Community« potentieller Konsumenten zu kreieren. Die Zugkraft des Slogans im Netz kann dabei von den Konzernen mit zuvor ungekannter Genauigkeit überprüft werden, weil sich die Zahl eines auf Twitter oder Instagram verwendeten Hashtags exakt berechnen lässt; es gibt inzwischen eine Reihe von Firmen, wie etwa Keyhole, die für ihre Auftraggeber »Hashtag Tracking« betreiben und die geographische und chronologische Verbreitung eines Schlagworts detailgetreu abbilden. »Der Gebrauch des Hashtags«, hieß es schon in einem Fachartikel von 2014, »verbindet Ihre Marke mit Themen, die die Menschen interessieren. Durch ihn können Sie mit den Kunden in Interaktion treten. Hashtags erhöhen die Markentreue.« Auf einer von zahlreichen Marketing-Blogs übernommenen Informationsgraphik namens *Wie Ihr Unternehmen von Hashtags profitiert* sind die Ratschläge daher von der in großformatigen Lettern eingefügten Gleichung ergänzt: »# = $$$«. »Hashtags«, so ein Beitrag der bekannten Digital-Marketing-Plattform Sprout Social, »werden von Konsumenten genutzt, um Community-Mitglieder mit ähnlichen Interessen zu finden; die Marke kann auf nutzergenerierte Inhalte zurückgreifen und damit an Authentizität gewinnen«. Und die Autorin schließt mit dem Fazit: »Markenbewusstsein wird vom Hashtag also ganz unterschwellig produziert.«[3]

Der besondere Mehrwert, den das Zeichen # einer Marketing-Kampagne verleiht, kann durch einen vom Unternehmen selbst vorgegebenen Hashtag erzielt werden, wie zum Beispiel die Slogans »#ShareACoke« ab 2012 oder »#HowDoYouKFC« der Fast-Food-Kette Kentucky Fried Chicken ab 2014, die Millionen von Tweets und Instagram-Beiträgen hervorgebracht und die »einzelnen Social-Media-Nutzer mit großem Erfolg in aktive Werbeträger«[4] verwandelt haben. Häufig ist die Einführung solcher Hashtags auch mit Elementen eines Gewinnspiels verbunden. Die Restaurantkette Domino's Pizza forderte die Follower ihrer Social-Media-Profile etwa auf, Tweets und Postings unter dem Hashtag »#letsdolunch« abzusetzen, und versprach den Kunden ab einer bestimmten Anzahl von Beiträgen starke Preissenkungen für Mittagsmenüs; American Express wiederum ging mit Twitter eine Kollaboration ein, die darin bestand, dass die Karteninhaber vergünstigte Waren mittels Erwähnung eines bestimmten Hashtags in ihren Tweets erwerben konnten.[5]

Diese Praxis unterscheidet sich aber insofern nicht kategorisch von älteren Verfahren des Content-Marketings, als die Slogans von den Unternehmen selbst lanciert worden sind. Ein bis dahin unbekanntes System der Markenstreuung bietet der Hashtag allerdings dadurch, dass die Aufmerksamkeit auf ein Produkt auch dadurch gebündelt werden kann, dass die Werbekampagne auf bereits bestehende, populäre Schlagwörter und »trending topics« aufspringt, dass also, wie es in einem Marketing-Blog heißt, »Ihre Kunden vielleicht längst einen Marken-Hashtag nutzen, ohne dass Sie es wissen«.[6] Neben der Erfindung eigener, möglichst proliferierender Slogans geht es im Hashtag-Marketing also darum, bereits existierende Motti zu finden, die man möglichst effektiv im Sinne eines Trittbretts nutzen kann. »Wenn Ihr beworbener Inhalt«, so ein weiterer Ratgeber-Artikel, »zum Beispiel mit Themen wie #beauty, #fashion, #business oder #sale zu tun hat – sagen Sie es, indem Sie einen Hashtag hinzufügen.« Denn, so die Empfehlung an die Unternehmen, »indem Sie Tags benutzen, die häufig gesucht werden, erhöhen Sie die Wahrscheinlichkeit, dass Ihr Inhalt bei Hashtag-Suchen auch häufiger auftaucht und von einer größeren Menge von Nutzern wahrgenommen wird«.[7]

Für die Verteilungsgesetze von Aussagen bedeutet diese »Diskurspraxis«, um mit Foucault zu sprechen, eine historisch neue Konstellation. In einem Kommunikationssystem, in dem die Beiträge erstens zu einem großen Teil verschlagwortet und diese Schlagwörter zweitens miteinander vernetzt sind, lassen sich alle mit dem Rautezeichen versehenen Wörter und Sätze mit einem Klick in einen veränderten Kontext setzen, einem anderen Adressaten zuordnen, an ein neues Publikum richten. Im Bereich des Netzaktivismus wird diese Trittbrettfahrer-Praxis häufig als Gefahr begriffen, weil etwa, wie Elizabeth Losh in ihren Untersuchungen zum »Hashtag-Feminismus« in Indien erwähnt, ein sozialpolitisch motivierter Hashtag wie »#selfies4schools« plötzlich von der Pornoindustrie gekapert und parasitär beschädigt werden kann.[8] In der Sphäre des Marketings erscheint diese Umwidmung gerade als besondere Gelegenheit, ohne großen Aufwand neue Konsumentengruppen, neue Kundenstämme zu erreichen. »Betrachten Sie Hashtags«, so ein Ratschlag, »einfach als Marketing-Keywords, allerdings mit einem besonderen Unterschied: Im Gegensatz zu den Keywords Ihrer bezahlten Suchmaschinen-Kampagne, die um hochspezielle, nicht besonders geläufige Begriffe herum gebaut sind, sollten die von Ihnen benutzten Hashtags bereits populär und dem Publikum vertraut sein.«[9]

Die vom Zeichen # gewährleistete Bündelung setzt die Aussagen der Tweets oder Instagram-Posts also in ein Verhältnis der allgemeinen Konvertierbarkeit. Jeder Beitrag, der mit dem gleichen Hashtag gekennzeichnet ist – ungeachtet seines intendierten Inhalts, seines primären Kontexts – tritt in Beziehung zu allen andern, mit ihm vernetzbaren. Für die Perspektiven des Marketings ist diese Konstellation ideal, weil es nur einer mit dem Doppelkreuz versehenen Buchstabenfolge bedarf, um eine glamouröse Region der Twitter- oder Instagram-Sphäre, eine Spitzenposition der »trending topics« anzuzapfen und womöglich davon zu profitieren. Der Hashtag ermöglicht es damit, Wörter und Sätze aus jedem beliebigen Zusammenhang in Werbemittel für die eigenen Erzeugnisse zu verwandeln; genau genommen verleiht er den Wörtern selbst eine Warenform. Denn das Rautezeichen macht die markierte Buchstabenfolge verrechenbar, ohne dass so etwas wie ein spezifischer Sinn, eine inkommensurable Eigenheit eine Rolle spielen würde. In dieser Hinsicht tritt das »Rebellische«, das Nathan Rambukkana dem Hashtag zuerkannte, weit hinter seine Funktion als Vereinheitlicher, als Gleichmacher zurück.

Der Hashtag, so könnte man sagen, kommodifiziert die Wörter, die ihm folgen. Wenn Georg Lukács 1923 im berühmten »Verdinglichungs«-Kapitel von *Geschichte des Klassenbewusstseins* zeigen wollte, »wie weit der Warenverkehr die herrschende Form des Stoffwechsels einer Gesellschaft ist«,[10] dann gilt diese Diagnose ein knappes Jahrhundert später sicher für die Metabolik der Sozialen Medien. Für Lukács' Analyse der Verdinglichungsprozesse sind vor allem die Kategorien von »Nivellierung« und »Konvertierbarkeit« im Warensystem ausschlaggebend. Er zitiert jene Grundhypothese von Marx, dass Produkte nur »sofern Warenform« annehmen, als sie »überhaupt Austauschbare, d. h. Ausdrücke desselben Dritten sind«. »Warenform«, so Lukács, sei »als Form der Gleichheit, der Austauschbarkeit qualitativ verschiedener Gegenstände«[11]

zu definieren. Im Hashtag vollzieht sich dieser Akt der Konvertierung und Nivellierung auf dem Gebiet der Sprache. Nichtkatalogisierbare, einzigartige, widerspenstige Bausteine sind in seiner Logik irrelevant. Stattdessen geht es um die größtmögliche Anhäufung von Beiträgen, um die Akkumulation des gleichförmigen, unter identischem Hashtag subsumierten Aussagenkapitals, das sich in quantifizierbaren Listen wie den »trending topics« abbilden und weiter vermehren soll.

Es ist vor diesem Hintergrund aufschlussreich, dass sich in den vergangenen Jahren eine komplexe Debatte über die Frage ergeben hat, ob Hashtags als Warenzeichen eingetragen werden können. Seit 2010 wurden rund 5000 Anträge zum Markenschutz von Hashtags gestellt, vor allem beim »Patent and Trademark Office« in den USA.[12] Grundsätzlich verstärkt die Konzernstrategie, Hashtags wie »#smilewithacoke«, »#HowDoYouKFC« oder »#sayitwithpepsi« (drei Beispiele für eingetragene Schlagwörter) zu schützen und ihre Zirkulation zu kontrollieren, die Warenförmigkeit der Wörter in der Kommunikationssituation der Sozialen Medien. Die kontroversen Diskussionen, die unter Marketing-Theoretikern und Patentrechtlern zu dem Thema geführt werden, machen aber deutlich, dass die Erscheinungsweise des Hashtags eine im Vergleich zu Markennamen oder Werbeslogans vielschichtigere Perspektive erfordert.

In den wenigen Fachaufsätzen, die es bislang über diese rechtliche Frage gibt, nimmt die Mehrzahl der Juristen und Kommentatoren die Position ein, dass »Hashtags grundsätzlich nicht als eingetragene Warenzeichen aufzufassen sind«, weil sie, wie es bei Robert Sherwin 2016 heißt, »ein Kommunikationswerkzeug« seien, »das den ungeregelten Gebrauch gerade anstößt«. Das Markenrecht der USA lässt Wörter oder Slogans nur dann als geschützte Warenzeichen zu, wenn sie einen klar zurückführbaren »Herkunftshinweis« liefern, was auf Hashtags, deren Verwendung ja so frei und proliferierend wie möglich ablaufen soll, nicht zutrifft; jene Verwirrung der Konsumenten hinsichtlich des Absenders von Markennamen, die Warenzeichenschutz normalerweise begründet, spielt bei der Zirkulation von Hashtags keine Rolle.[13] In Fällen, in denen das »Patent and Trademark Office« einen Hashtag als eingetragenes Warenzeichen akzeptiert hat, weist die Begründung daher explizit auf den zusätzlichen Einsatz des Doppelkreuzes »jenseits des Internets« hin, wie es in einem bemerkenswerten Urteil von 2013 zur Zulassung des Schlagworts »#HowDoYouKFC« heißt: »Es musste sichergegangen werden«, so die Begründung, »dass der Hashtag wirklich als Warenzeichen benutzt wird, nicht nur als Mittel zur Erleichterung der Online-Recherche«, und die Urteilsschrift betont, dass das Schlagwort nachweislich auch auf »auf Wer-

bebannern und Hinweisschildern benutzt worden«
ist.[14]

Grundsätzlich wird der Schutz von Hashtags unter
Marketing-Spezialisten ambivalent beurteilt: Einerseits kann der große Erfolg einer Werbekampagne wie
»#ShareACoke« oder »#HowDoYouKFC« die Unternehmen »dazu ermuntern, den Warenzeicheneintrag
für ihren Hashtag zu verfolgen, um dessen exklu-
siven Gebrauch zu sichern«, wie Kendell Salter in der
bislang sorgfältigsten juristischen Untersuchung zu
diesem Thema geschrieben hat. Andererseits soll ein
Hashtag »den Nutzern der Sozialen Medien gerade
erlauben, das Zeichen durch weitverzweigten Gebrauch in den Sozialen Medien zu streuen. Die Essenz
eines Hashtags ist die Interaktion mit den Nutzern.«[15]
Damit sei zwar ein Kontrollverlust für die Unternehmen verbunden, aber die wuchernde, nicht zentral zu
steuernde Ausbreitung des Hashtags verspreche eine
umso größere Marketing-Kraft für das beworbene
Gut.

Wie attraktiv vielgebrauchte Hashtags aber für
den Markenschutz erscheinen, lässt sich daran er-
kennen, dass auch die populärsten Schlagwörter des
Netzaktivismus in den vergangenen Jahren zum Ob-
jekt von Warenzeichen-Debatten geworden sind.
Als sich etwa nach dem Tod des asthmakranken Eric
Garner im Juli 2014, der nach dem Würgegriff eines
Polizisten bei der Festnahme erstickte, der Hashtag

»#Icantbreathe« auf Twitter etablierte – gebildet nach den letzten geröchelten Worten des Sterbenden –, versuchten zwei Unternehmen, das Schlagwort als Warenzeichen schützen zu lassen. Für den Solidaritäts-Hashtag »#JeSuisCharlie« nach dem Attentat auf die Pariser Zeitschriftenredaktion im Januar 2015 gab es sogar »allein in Frankreich mehr als 50 Anträge zum Schutz des Hashtags als Warenzeichen, wobei keiner davon von den tatsächlichen Schöpfern der Wörter und der zugehörigen Zeichnung stammte«.[16] Auch wenn sämtliche Anträge damals von den Patentbehörden abgelehnt wurden: Der Impuls von Agenturen und Unternehmen, den Versuch des Markenschutzes auch in diesen Fällen anzustreben, kann mit der besonderen Warenform von Aussagen im Zeichen des Hashtags in Verbindung gebracht werden. Ob sich ein Schlagwort auf ein Produkt oder auf eine soziale Bewegung, auf eine Dienstleistung oder einen Todesfall bezieht, ist ein vernachlässigbarer Unterschied, wenn sich angesichts der Verbreitungskanäle Monetarisierungschancen eröffnen. Mit den Worten eines deutschen Social-Media-Beraters: »Wie #Aufschrei uns das nur allzu gut demonstriert hat, ist der Hashtag eine ideale Klammer, um Themen zu bündeln. Themen, die genauso gut Produkte oder PR betreffen können.«[17]

Unter den markengeschützten Schlagwörtern ist in den letzten Jahren eines gewesen, das die Effekte des Hashtags auf anschauliche Weise vorführt. Vor den Olympischen Spielen in Rio beanspruchte das »United States Olympic Committee« (USOC) das Recht, dass das Motto »#Rio2016« nur von den Hauptsponsoren der Veranstaltung, wie Coca Cola, McDonald's, Visa oder Samsung benutzt werden durfte. Alle für die USA startenden Einzelsportler erhielten im Vorfeld ein Schreiben des USOC, in dem ihnen untersagt wurde, dass ihre individuellen Sponsoren und Marketingpartner in Tweets und Instagram-Beiträgen diesen Hashtag gebrauchen. In einer kritischen Stellungnahme, die ein amerikanischer Patentanwalt zu diesem Fall veröffentlichte, hieß es im Juli 2016: »Die Verletzung eines Warenzeichens bedeutet normalerweise, dass eine Partei ein eingetragenes Zeichen benutzt und die Öffentlichkeit über die Herkunft eines kommerziellen Produkts oder einer Dienstleistung täuscht. Das hat aber nichts mit dem Gebrauch eines Hashtags zu tun. Ich verkaufe ja keine Produkte oder Dienstleistungen, ich mache einfach eine Aussage auf einer offenen Plattform. Wie sonst sollte man anzeigen, dass man über die Olympischen Spiele 2016 spricht, wenn man nicht #Rio2016 sagen darf?«[18] Vor allem dieser letzte Satz beschreibt die Veränderungen, die das Aufkommen des Hashtags für die Streuung von Aussagen mit sich gebracht hat, sehr deutlich. Denn er stellt die Frage nach dem Status der Wörter zwischen Kommunikationsmittel und Warenform, zwischen frei zirkulierender Rede und geschützten Markenzeichen. Der Hashtag hat diese Grenze spürbar verschoben.

7 Ermächtigung und Nivellierung

In dem knappen Jahrzehnt, in dem der Hashtag bislang als Koordinator von Aussagen und Dokumenten agiert, haben sich also heterogene und zumindest auf den ersten Blick wenig vereinbare Schwerpunkte seines Gebrauchs herausgebildet. Als Chiffre politischer und sozialer Gegenöffentlichkeit ist er, wie die ikonischen Hashtags »#Ferguson«, »#BlackLivesMatter« oder »#MeToo« beweisen, ohne Zweifel dafür verantwortlich gewesen, dass sich zuvor überhörte Stimmen zu einem vernehmbaren Kollektiv bündeln und bedeutende Anliegen in der Öffentlichkeit aushandeln konnten. Gleichzeitig zeigt seine prominente Rolle im zeitgemäßen Marketing, dass der profitorientierte Gebrauch des Hashtags nicht nur zentraler Schauplatz seines Einsatzes, sondern durch die von ihm beförderte Konvertierbarkeit und Akkumulierbarkeit von Aussagen bereits in seiner Funktionsweise angelegt ist. Das Zeichen # etikettiert das Gesagte und Geteilte, versieht es, wie schon Chris Messina betonte, mit *Labels*; es macht also verstreute Aussagen sichtbar, koppelt diese neue Sichtbarkeit aber an einen Akt der Erfassung und Nivellierung.

Eine bestimmte Gebrauchsform des Hashtags kann als Gegenströmung zu dieser Tendenz verstanden werden – jene Schlagwörter in Tweets oder Instagram-Postings, die sich nicht auf ein vorgegebenes Motto, auf einen möglichst oft geteilten Begriff beziehen, sondern den Hashtag als singuläre Ergänzung des eigenen Beitrags verstehen. Er gibt den Autoren, so Julia Turner, auf engstem Raum »die Möglichkeit, ihre Gefühlslage zu kommentieren, den eigenen Tweet auf sarkastische Weise zu unterminieren, eine zusätzliche ironische Schicht einzubauen oder in schlagender Kürze auf eine metaphorische Ebene zu wechseln«.[1] In dieser Gestalt verweigert sich das Rautezeichen gerade dem Befehl zur Akkumulation; der Hashtag bleibt vielmehr Bestandteil einer abgeschlossenen Texteinheit, innerhalb deren sich ironische oder poetische Bedeutungseffekte ergeben können. Diese spielerische Verwendung unterläuft die von den medialen Voreinstellungen geregelten Funktionen.

Im »Hashtag Activism« und »Hashtag Marketing« ist dieser selbstkommentierende Einsatz des Schlagworts allerdings ohne Belang. In beiden Sphären geht es um die Gleichförmigkeit der mit demselben Doppelkreuz behefteten Aussagen; das Zeichen # soll die unter ihm subsumierten Beiträge auch in der Sphäre des Netzaktivismus in Repräsentanten einer Marke verwandeln. Bereits die Initiatoren der »Occupy Wall Street«-Bewegung wussten um diese Werbekraft des Hashtags. Im Juli 2011 rief die Website Adbusters unter dem Motto »#OccupyWallStreet« dazu auf, sich am 17. September im Zuccotti Park zu versammeln; »der Kampagnenname«, so Paolo Gerbaudo in seiner Studie über die Protestbewegung, »wurde also in einen Hashtag verwandelt, um auf diese Weise seine ›virale‹ Verbreitung zu erhöhen«. Diese Taktik ging aber im Jahr 2011 (noch) nicht auf. Der Hashtag war laut Gerbaudo über den Sommer hinweg »weit davon entfernt, zu einem trending topic zu werden«,[2] und erst als die tatsächliche physische Belagerung des Parks durch die Protestierenden begann, entfachte das zugehörige Schlagwort in den Sozialen Medien seine Wirkung. Auch wenn die Strategie der Initiatoren also zunächst erfolglos blieb: »#OccupyWallStreet« – und das macht das historisch Interessante dieses Schlagworts aus – war mit hoher Wahrscheinlichkeit der erste politische Hashtag in den USA, der aus dezidierten Marketinggründen heraus entwickelt wurde, das erste aktivistische Hashtag-Logo.

Was bedeutet es also genau, wenn Nathan Rambukkana schreibt, dass durch den Hashtag »Neoliberalismus und Aktivismus die gleiche Sprache sprechen – wenngleich natürlich mit ganz unterschiedlichen Intentionen«? Könnte es nicht sein, dass der Faktor der

»Intention« – gesellschaftspolitischer Veränderungs-
wille oder Warenanpreisung – in dem Maße in den
Hintergrund gerät, in dem sich die Mittel der Kampagnen anzugleichen beginnen? Es ist in diesem Zusammenhang auffällig, dass in der Sphäre des Hashtag-
Aktivismus auch die Techniken des Eigenmarketings
regelmäßig eine Rolle spielen. In dem von Rambukkana herausgegebenen Sammelband gibt es etwa einen
Aufsatz über digitale Selbstdarstellungsweisen für Wis-
senschaftler, in dem die Autorin darüber nachdenkt,
»wie Hashtags auf Twitter dazu beitragen, die eigene
akademische Identität herauszubilden und zu pfle-
gen, zum Beispiel dadurch, dass man die eigene Arbeit
über Hashtags bewirbt«. Unter der Kapitelüberschrift
»#IDENTITY« heißt es: »Eine eigene Online-Marke
aufzubauen, ist fast so notwendig geworden wie ein
stabiler CV. Hashtags sind also wichtige Identitätsbau-
steine, und die richtige Kombination dieser Bausteine
ist heute unerlässlich für die eigene Karriere und die
richtigen Beziehungen.«[3]

Unter den Bedingungen der digitalen Kultur hat sich
offenbar eine stärkere Verbindung von politischem En-
gagement und Strategien der Selbstanpreisung und
Selbsterfassung etabliert. Der Kampf gegen ethnische
und sexuelle Diskriminierung oder gegen das Un-
gleichgewicht wirtschaftlicher Verteilung steht heute
im Einklang mit Verfahren der Eigendarstellung, die
sich über Techniken und im Vokabular des Marketings

vollziehen. Das ist insofern eine überraschende Allianz, als die Sensibilität für ökonomische Missstände und soziale Ausgrenzungen auch ein kritisches Augenmerk auf Prozesse der Selbstkommodifizierung beinhalten könnte. Dies ist in der Sphäre des »Hashtag Activism«, wie die oben zitierten Passagen beispielhaft zeigen, selten der Fall, und vielleicht wird die gefürchtete Fratze des »Neoliberalismus«, die Nathan Rambukkana in seinen Plädoyers für das »rebellische Zeichen« # kurz aufblitzen sieht, tatsächlich schon im unermüdlichen Gebrauch des Hashtags konturiert. Auf Instagram kann man den wenigen professionellen und zahllosen selbsternannten »Influencern« Tag für Tag dabei zusehen, wie private Existenz und Marketingkampagne ineinanderfließen, wie die Wahl der richtigen Schlagwörter unter den Fotos maximale Reichweite erzielen und dadurch buchstäbliche Geldflüsse oder zumindest das symbolische Kapital der Aufmerksamkeit aufs Konto des eigenen Profils lenken soll. Müsste eine politische Kritik der Gegenwart diese Prozesse kollektiver Warenwerdung, diesen Akkumulierungsdrang des Hashtags, der für Produkte und Menschen, Dienstleistungen und aktivistische Konzepte gleichermaßen gilt, nicht in die Analyse einbeziehen?

Dieses Dilemma des Hashtags – zwischen Ermächtigung und Nivellierung – wurde jüngst auch am bislang wirkungsvollsten gesellschaftspolitischen Schlagwort der Sozialen Medien deutlich. Die »#MeToo«-Debatte hat seit Herbst 2017 einen Kultur- und Verhaltenswandel im Umgang mit sexueller Belästigung und Gewalt herbeigeführt, der im Rückblick vielleicht einmal mit den historischen Zäsuren von 1968 verglichen werden wird. Ausgelöst von zwei journalistischen Artikeln über den Filmproduzenten Harvey Weinstein und dem berühmten Twitter-Beitrag der Schauspielerin Alyssa Milano vom 15. Oktober 2017 (»Wenn Sie schon einmal Opfer eines sexuellen Übergriffs geworden sind, antworten Sie ›me too‹ auf diesen Tweet«), hat sich die kollektive Sensibilität für die Ausformungen von sexualisierter Gewalt und für den Zusammenhang von Machtbeziehungen und sexuellen Belästigungen ohne jeden Zweifel erhöht.

Bemerkenswert am Verlauf der Debatte waren in den vergangenen zwölf Monaten aber auch die zahllosen Auseinandersetzungen und Kontroversen über die Schwelle dessen, was unter »sexualisierter Gewalt« zu verstehen und welche Übertretung unter dem Schlagwort »#MeToo« genau zu verhandeln sei. Vor allem in den Wintermonaten 2017/18 gab es auch in Deutschland kaum einen Tag, an dem ein Beitrag in den herkömmlichen Massen- oder den Sozialen Medien nicht die Frage gestellt hätte, wo die Grenze zwischen legitimer Annäherung und illegitimer Belästigung zwischen zwei Menschen verlaufe. Als ein besonders vieldiskutiertes und heißumkämpftes Beispiel blieb etwa das Manifest jener einhundert, in der Medienöffentlichkeit stehenden Frauen in Frankreich in Erinnerung – unterzeichnet etwa von Catherine Deneuve oder Catherine Millet –, in dem es heißt: »Vergewaltigung ist ein Verbrechen. Aber hartnäckiges oder ungeschicktes Flirten ist kein Delikt, und eine Galanterie auch keine chauvinistische Aggression.«[4]

Die inhaltliche Kritik und Zustimmung, die dieser Standpunkt, dieses Augenmerk auf den Grenzen der Übertretung gleichermaßen erhalten hat, sind ausführlich beschrieben worden. Nach den in diesem Essay formulierten Überlegungen stellt sich aber auch die Frage, welche Rolle dem Hashtag als Medium und Impulsgeber der Debatte für das Problem der Grenzziehung zukommt. Wenn man seine Funktionen als Verteiler von Aussagen ernst nimmt, befördert sein Wille zur Subsumption und Gleichförmigkeit zweifellos eine Verwischung der Grenzen, eine Nivellierung des Einzigartigen und Inkommensurablen. Um in dieser Debatte Gehör zu finden, mussten alle Beiträgerinnen und Beiträger ihre individuellen Erlebnisse, Geschichten und Anschauungen unter dasselbe Schlagwort stellen. Eine Stimme im Namen von »#MeToo« wäre ohne die Rubrizierungskraft des Hashtags sowohl vernetzungstechnisch als auch inhaltlich im Nichts verhallt. Genau diese mediale Bedingung hat aber die Gefahr der Vereinheitlichung und Grenzverwischung, die im Lauf der Debatte dann so häufig kritisiert wurde, verstärkt.

Der Hashtag ist ein gutes Jahrzehnt nach seinem Auftauchen von einer unauflösbaren Ambivalenz gekennzeichnet. Er bringt die verstreuten Stimmen zum Ertönen und tilgt gleichzeitig das, was an ihnen unverrechenbar ist.

Anmerkungen

1 Chiffre der Gegenwart

1 Adorno (1956/1997), S. 106
2 Vgl. etwa die Inhaltsverzeichnisse in *Der Spiegel* 11/2018 und 17/2018

2 Der Hashtag und die Streuung von Aussagen

1 twitter.com/chrismessina/status/223115412?lang=de
2 factoryjoe.com/2007/08/25/groups-for-twitter-or-a-proposal-for-twitter-tag-channels/; Bruns / Burgess (2011) und Bruns / Burgess (2015), S. 18
3 Zitiert von Pandell (2017)
4 twitter.com/lmorchard/statuses/218773732; vgl. Orchards Blog Decafbad, decafbad.com/blog/2007/08/21/sticky-tags-for-twitter/
5 Vgl. zu der Funktion »Track« blog.twitter.com/official/en_us/a/2007/tracking-twitter.html
6 Zitiert von Pandell (2017)
7 Ebd.
8 Foucault (1969/1981), S. 43
9 Ebd., S. 48 und S. 144
10 Ebd., S. 58
11 Ebd., S. 133

3 # – Biographie eines Zeichens

1   Caleffi (2015), S. 48 und S. 67
2   Vgl. die zahlreichen Funde bei Fine (2015) über die Her-
    kunftsgeschichte des #-Zeichens
3   Houston (2013), S. 42
4   Vgl. die Abbildung bei Fine (2015)
5   Vgl. zur sogenannten »Toronto-Konferenz« von 1888 Mar-
    tin (1934/2003), S. 548 und zur Entwicklung der »Univer-
    saltastatur« im Allgemeinen S. 531 sowie die auf derselben
    Seite abgebildete Illustration des Keyboards der Reming-
    ton 2; vgl. zur Entwicklung der DIN-Normtastaturen in
    Deutschland Dingwerth (1993), S. 143 f.
6   Kerr (2006), S. 2 u. 4
7   Vgl. die genaue Beschreibung des technischen Ablaufs bei
    Kerr (2014), S. 6
8   Ebd.
9   Vgl. Kerr (2006), die revidierte Erinnerung von Kerr (2014),
    v. a. S. 7 und Houston (2013), S. 49
10 Scheible (2015), S. 119; vgl. auch den gesamten Buchab-
    schnitt zum Rautezeichen auf dem Tastentelefon S. 118–
    122
11 Kämmerling (2003); vgl. in diesem Zusammenhang auch
    die Glossen von Safire (1991) und Lückemeier (2008)
12 Die Programmiersprache »C« wurde in den späten sech-
    ziger Jahren ebenfalls in den Bell Labs, den Forschungs-
    laboren von AT&T, entwickelt.

4 Wo war das Schlagwort vor dem Hashtag?

1   Roloff (1950/1968), S. 31
2   Zitiert bei Förschner (1987), S. 5. Zu den Debatten im ers-
    ten Drittel des 20. Jahrhunderts vgl. Heinrici (1931), S. 11
    und Spieler (1975), S. 10. In den USA beginnen die Diskus-

sionen um ein möglichst einfach zu gestaltendes System der Auffindung von Büchern bereits im Zusammenhang mit den aufkommenden »public libraries« im letzten Viertel des 19. Jahrhunderts; vgl. Cutter (1876) und Bartelt (1978), S. 15 f.

3 Roloff (1950/1968), S. 115; Stählin (1950), S. 333

4 Vgl. für die Züricher Stadtbibliothek bereits Wyss (1909), für Erlangen die »Regeln für den Schlagwortkatalog« ab 1952

5 Roloff (1950/1968), S. 121

6 Die aktuelle Auflage der »Regeln für die Schlagwortkatalogisierung« ist auf der Website der Deutschen Nationalbibliothek abrufbar, vgl. d-nb.info/1126513032/34; zur Schlagwortnormdatei, die inzwischen den Namen »Gemeinsame Normdatei« trägt, vgl. dnb.de/DE/Standardisierung/GND/gnd_node.html

7 Vgl. help.twitter.com/en/using-twitter/how-to-use-hashtags

8 Vgl. etwa Dang-Anh. u. a. (2013), S. 142 oder Zappavigna (2015), S. 277

9 Roloff (1950/1968), S. 115

10 Huang u. a. (2010), S. 173

11 Lepp (1908), S. 1

12 Bauer (1920), S. 208 und 212. Wilhelm Bauers Begeisterung für eine schlagwortgeleitete Politik blieb keine theoretisch-historische. Er trat früh für eine nationalsozialistische Ausrichtung der Wiener Universität ein und gehörte zu jener antisemitischen Professorengruppe namens »Bärenhöhle«, die schon seit den 1920er Jahren die Berufung jüdischer Kollegen an die Universität Wien zu verhindern versuchte.

13 Wülfing (1982), S. 38 ff. und Wolter (2000), S. 23

14 Bauer (1920), S. 231

15 Ebd., S. 238 und Wolter (2000), S. 21 u. 39

16 Peters (2009), S. 129

17 Smith (2008), S. VII
18 Vgl. vanderwal.net/folksonomy.html
19 Vgl. Linz (2018), S. 84–89
20 Ebd., S. 92

5 Schauplätze des Hashtags I: Politischer Aktivismus

1   Bruns / Burgess (2015), S. 13; Gerbaudo (2012), S. 3; Rambukkana (2015b), S. 29
2   Penney (2017), S. 7. Vgl. hierzu auch Anne Antonakis-Nashifs These, »dass die spezifischen Kommunikationsweisen des Hashtags neue Möglichkeiten der Partizipation für jene geschaffen haben, die sich in der traditionellen Medienöffentlichkeit nicht genug berücksichtigt fühlen« (Antonakis-Nashif (2015), S. 101).
3   Mottahedeh (2015), S. 7. Vgl. hierzu auch Zappavigna (2012), S. 174: »#iranelection war der erste weitverbreitete politische Hashtag, über den auch in den konventionellen Medien berichtet wurde.«
4   Vgl. die Zahlen unter theguardian.com/us-news/2017/ jan/17/black-lives-matter-birth-of-a-movement
5   Vgl. Bonilla / Rosa (2015), S. 6
6   Ebd., S. 8f.
7   Rambukkana (2015a), S. 4f.
8   Mottahedeh (2015), S. 8. Vgl. die ähnlichen Passagen zur Transformation von Daten in Körper S. 17f., S. 103f.

6 Schauplätze des Hashtags II: Marketing

1   Rambukkana (2015b), S. 42
2   Nichols (2017). Der Unternehmensberater Sebastian Merz etwa verspricht den Lesern in seiner Broschüre »Hashtag Marketing«, »durch gezielten Einsatz von Hashtags mehr

Kunden, eine bessere Reputation und Visibilität zu erreichen. Wer künftig eine gute Platzierung in Suchmaschinen
erreichen und sich auf dem globalen Internet-Markt be-
haupten will, kommt nicht um strategisches Hashtag-Marketing herum.« (Vgl. Merz (2015), Ankündigungstext auf
dem Buchrücken)

3   Bennet (2014); zu der Informationsgrafik vgl. etwa die
    Seite digitalmarketingphilippines.com/the-history-and-po-
    wer-of-hashtags-in-social-media-marketing-infographic/;
    Chen (2018)

4   Laestadius / Wahl (2017), S. 7

5   Zu Domino's Pizza vgl. mashable.com/2012/03/23/twit
    ter-hashtag-campaigns/?europe=true#mH86p_Ea2Sqy;
    zur American-Express-Kampagne vgl. edition.cnn.com/
    2013/02/11/tech/social-media/twitter-hashtag-purchases/

6   Chen (2018)

7   Nichols (2017)

8   Vgl. Losh (2014), S. 16

9   Nichols (2017)

10 Lukács (1923/2013), S. 258

11 Lukács (1923/2013), S. 259 (wobei er die Marx-Passage aus
    dem *Kapital* nicht ganz korrekt zitiert und »Warenformen«
    statt »Warenform« schreibt) und S. 261; vgl. auch Alfred
    Sohn-Rethels Studien zur *Formanalyse der Ware*, die ebenso
    die Aspekte der Standardisierung und Nivellierung ins
    Zentrum seiner Überlegungen zur Warenanalyse stellen
    (Sohn-Rethel (1961/1978), v. a. S. 105)

12 Vgl. zu diesen Zahlen Salter (2018), S. 701

13 Kohane (2016) über das Urteil Eksonzian *v.* Albanese; zum
    Sherwin-Zitat vgl. Salter (2018), S. 705; über die fehlende
    Verwirrung der Herkunft vgl. Falconer (2016), S. 3

14 Zitiert bei Kohane (2016)

15 Salter (2018), S. 707

16 Jones (2018)

17 Rankl (2013)

18 Zitiert in theguardian.com/sport/2016/jul/22/us-olympic-committee-bullying-unofficialsponsors-hashtags

7 Ermächtigung und Nivellierung

1 Vgl. den schönen Essay von Turner (2012)
2 Gerbaudo (2012), S. 110 u. 116
3 Singh (2015), S. 272
4 Ursprünglich veröffentlicht in der französischen Tageszeitung *Le Monde*, vgl. lemonde.fr/idees/article/2018/01/09/nous-defendons-une-liberte-d-importuner-indispensable-a-la-liberte-sexuelle_5239134_3232.html

Verwendete Literatur

Adorno, Theodor W. (1956/1997), Satzzeichen; in: ders., Noten zur Literatur. Gesammelte Schriften 11. Frankfurt am Main, S. 106–113.

Antonakis-Nashif, Anne (2015), Hashtagging the Invisible: Bringing Private Experiences in Public Debate; in: Rambukkana, Nathan (Hg.), Hashtag Publics: The Power and Politics of Discursive Networks. New York u. a., S. 101–113.

Bartelt, Frauke (1978), Standardlisten zur Schlagwortgebung. Köln.

Bauer, Wilhelm (1920), Das Schlagwort als sozialpsychische und geistesgeschichtliche Erscheinung; in: Historische Zeitschrift, Jg. 122, S. 189–240.

Bennet, Shea (2014), The History of Hashtags in Social Media Marketing; in: adweek.com/digital/history-hashtag-social-marketing/

Bonilla, Yarimar / Rosa, Jonathan (2015), #Ferguson: Digital Protest, Hashtag Ethnography, and the Racial Politics of Social Media in the United States; in: American Ethnologist, Jg. 42, S. 4–17.

Bruns, Axel / Burgess, Jean (2011), The Use of Twitter Hashtags in the Formation of Ad Hoc Publics; in: Proceedings of the 6th European Consortium for Political Research (ECPR), General Conference, University of Iceland, Reykjavik, eprints.qut.edu.au/46515/

Bruns, Axel / Burgess, Jean (2015), The Use of Twitter Hashtags in the Formation of Ad Hoc Publics; in: Rambukkana, Nathan (Hg.), Hashtag Publics: The Power and Politics of Discursive Networks. New York u. a., S. 13–27.

Caleffi, Paola-Maria (2015), The ›Hashtag‹: A New Word or a New Rule; in: SKASE Journal of Theoretical Linguistics, Jg. 12, S. 46–69.

Chen, Jenn (2018), How to Use Hashtag Marketing to Dramatically Boost Brand Awareness, sproutsocial.com/insights/hashtag-marketing/

Cunha, E. u. a. (2011), Analyzing the Dynamic Evolution of Hashtags on Twitter: A Language-based Approach; in: Proceedings of the Workshop on Language in Social Media, S. 58–65.

Cutter, Charles (1876), Rules of a Printer Dictionary Catalogue. Washington, D. C.

Dang-Anh, Mark / Einspänner, Jessica / Thimm, Caja (2013), Kontextualisierung durch Hashtags. Die Mediatisierung des politischen Sprachgebrauchs im Internet; in: Diekmannshenke, Hajo / Niehr, Thomas (Hg.), Öffentliche Wörter. Perspektiven Germanistischer Linguistik (PGL). Stuttgart, S. 137–159.

Dingwerth, Leonhard (1993), Historische Schreibmaschinen. Faszination der alten Technik. Ein Ratgeber für Sammler und Leitfaden für Interessenten. Delbrück.

Falconer, Elizabeth (2016), #CanHashtagsBeTrademarked; in: North Carolina Journal of Law and Technology, Jg. 17, ncjolt.org/wp-content/uploads/2016/01/Falconer_Final.pdf

Fine, Thomas A. (2015), The Sign of the Number, widespacer.blogspot.com/2015/10/the-sign-of-number.html

Förschner, Franz (1987), Eine Theorie zum Schlagwortkatalog. Wiesbaden.

Foucault, Michel (1969/1981), Archäologie des Wissens. Frankfurt am Main.

Gerbaudo, Paolo (2012), Tweets and the Streets: Social Media and Contemporary Activism. London.

Heinrici, Martin (1931), Schlagwort und Aufstellung – Schlagwortkatalog und Standortkatalog; in: ders., Der Bibliothekar als Betrüger. Wien.

Hochheiser, Sheldon (2006), Pressing Matters. Touch-tone Phones Spark Debates; in: Encore Magazine. 29. September, S. 13–14.

Houston, Keith (2013), Shady Characters: The Secret Life of Punctuation, Symbols and Other Typographical Marks. New York / London.

Huang, Jeff u. a. (2010), Conversational Tagging in Twitter; in: HT '10. Proceedings of the 21st ACM Conference on Hypertext and Hypermedia. Toronto, Canada. 13.–16. Juni. New York, S. 173–178.

Jones, Claire (2018), What can you #trademark, norfolkchamber. co.uk/blog/member/marketing-pr/what-can-you-trademark

Kämmerling, Christian (2003), Nimm es in Gottes Namen; in: Die Weltwoche, 27. 8., weltwoche.ch/ausgaben/2003_35/ artikel/nimm-es-in-gottes-namen-die-weltwoche-ausgabe-352003.html

Kerr, Douglas (2006), The ASCII Charakter »Octatherp«, doug-kerr.net/Pumpkin/articles/Octatherp.pdf

Kerr, Douglas (2014), The Names »Octatherp« and »Octotherp« for the Symbol »#«, dougkerr.net/Pumpkin/articles/Octa therp-octotherp.pdf

Kohane, Davis (2016), #UNDECIDED: Trademark Protection for Hashtags, ipwatchdog.com/2016/06/24/undecided-trademark-protection-hashtags/id=70111/

Laestadius, Linnea / Wahl, Megan (2017), Mobilizing Social Media Users to Become Advertisers: Corporate Hashtag Campaigns as a Public Health Concern; in: Digital Health, Jg. 3, S. 1–12.

Lepp, Ferdinand (1908), Schlagwörter des Reformationszeitalters. Leipzig.

Linz, Erika (2018), Kollaboratives Tagging; in: Ghanbari, Nacim u. a. (Hg.), Kollaboration. Beiträge zur Medientheorie und Kulturgeschichte der Zusammenarbeit. Paderborn, S. 83–95.

Losh, Elizabeth (2014), Hashtag Feminism and Twitter Activism in India; in: Social Epistemology Review and Reply Collective, Jg. 3, S. 11–22.

Lückemeier, Peter (2008), Drücken Sie die Raute-Taste; in: Frankfurter Allgemeine Zeitung, 17. August, faz.net/aktuell/rhein-main/kommentar-druecken-sie-die-raute-taste-1681962.html

Lukács, Georg (1923/2013), Die Verdinglichung und das Bewußtsein des Proletariats; in: ders., Geschichte und Klassenbewußtsein. Werke, Band 2, Frühschriften II. Neuwied und Berlin, S. 257–397.

Martin, Ernst (1934/2003), Die Schreibmaschine und ihre Entwicklungsgeschichte. Delbrück.

Merz, Sebastian (2015), Hashtag-Marketing. Berlin.

Mottahedeh, Negah (2015), #iranelection: Hashtag Solidarity and the Transformation of Online Life. Stanford.

Nichols, Pamela (2017), Hashtag Marketing – How to Use Hashtags That Fit Your Brand, bluefountainmedia.com/blog/hashtag-marketing-for-your-brand/

Pandell, Lexi (2017), An Oral History of the #Hashtag; in: Wired Magazine, 19. Mai, wired.com/2017/05/oral-history-hashtag/

Penney, Joel (2017), The Citizen Marketer. Promoting Political Opinion in the Social Media Age. New York/Oxford.

Peters, Isabella (2009), Folksonomies. Indexing and Retrieval in Web 2.0. Berlin.

Rambukkana, Nathan (2015a), #Introduction: Hashtags as Technosocial Events; in: ders. (Hg.), Hashtag Publics: The Power and Politics of Discursive Networks. New York u. a., S. 1–10.

Rambukkana, Nathan (2015b), From #RaceFail to #Ferguson: The Digital Intimacies of Race-Activist Hashtag Publics; in: ders. (Hg.), Hashtag Publics: The Power and Politics of Discursive Networks. New York u. a., S. 29–46.

Rankl, Josef (2013), Hashtag Marketing, emarcon.de/hashtag-marketing/

Roloff, Heinrich (1950/1968), Lehrbuch der Sachkatalogisierung. Dritte Auflage. München.

Safire, William (1991), On Language: Hit the Pound Sign; in: New York Times Magazine, 24. März, nytimes.com/1991/03/24/magazine/on-language-hit-the-pound-sign.html

Salazar, Eduardo (2017), Hashtags 2.0 – An Annotated History of the Hashtag and a Window to its Future; in: Icono, Jg. 15, S. 16–54.

Salter, Kendell (2018), The Trouble with Tags: Seeking Mark Protection for Corporate Branded Hashtags – More Trouble than it's Worth; in: Journal of Corporation Law, Jg. 43, S. 699–713.

Scheible, Jeff (2015), Digital Shift. The Cultural Logic of Punctuation. Minneapolis / London.

Singh, Sava Saheli (2015), Hashtagging #Higher Ed; in: Rambukkana, Nathan (Hg.), Hashtag Publics: The Power and Politics of Discursive Networks. New York u. a., S. 267–272.

Smith, Gene (2008), Tagging. People-Powered Metadata for the Social Web. Berkeley.

Sohn-Rethel, Alfred (1961/1978), Versuch über den gesellschaftlichen Ursprung des ›reinen Verstandes‹; in: ders., Warenform und Denkform. Mit zwei Anhängen. Frankfurt am Main, S. 103–133.

Spieler, Karl-Heinz (1975), Zur Theorie des Schlagwortkatalogs. Berlin.

Stählin, Agnes (1950), Kleine Sprachlehre des Schlagwortkatalogs; in: Festschrift Eugen Stollreither zum 75. Geburtstag, herausgegeben von Fritz Redenbacher. Erlangen, S. 333–344.

Turner, Julia (2012), In Praise for Hashtags; in: New York Times Magazine, 2. November, nytimes.com/2012/11/04/magazine/in-praise-of-the-hashtag.html

Wolter, Beatrice (2000), Deutsche Schlagwörter zur Zeit des Dreißigjährigen Krieges. Frankfurt am Main u. a.

Wülfing, Wolf (1982), Schlagworte des Jungen Deutschland. Mit einer Einführung in die Schlagwortforschung. Berlin.

Wyss, Wilhelm von (1909), Über den Schlagwortkatalog: mit Regeln für die Stadtbibliothek Zürich. Zürich.

Yang, Guobin (2016), Narrative Agency in Hashtag Activism: The Case of #BlackLivesMatter; in: Media and Communication, Jg. 4, S. 13–17.

Zappavigna, Michele (2012), Discourse of Twitter and Social Media. London.

Zappavigna, Michele (2015), Searchable Talk. The Linguistic Functions of Hashtags; in: Social Semiotics, Jg. 25, S. 274–291.